돌려 읽기는 이제 그만!

독서 능력을 신장시키는 음독 전략 25

돌려 읽기는 이제 그만!

독서 능력을 신장시키는 음독 전략 25

마이클 오피츠 · 티모시 라진스키 지음

윤준채 · 이천희 · 조재윤 옮김

사회평론아카데미

돌려 읽기는 이제 그만!
독서 능력을 신장시키는 음독 전략 25

2018년 3월 10일 초판 1쇄 펴냄
2022년 6월 24일 초판 2쇄 펴냄

지은이 마이클 오피츠·티모시 라진스키
옮긴이 윤준채·이천희·조재윤

책임편집 정세민
편집 정용준
디자인 김진운
본문조판 토비트
마케팅 최민규

펴낸이 고하영
펴낸곳 ㈜사회평론아카데미
등록번호 2013-000247(2013년 8월 23일)
전화 02-326-1545
팩스 02-326-1626
주소 03993 서울특별시 마포구 월드컵북로6길 56
이메일 academy@sapyoung.com
홈페이지 www.sapyoung.com

ISBN 979-11-88108-59-6 93370

* 일러두기
  각주는 한국 독자의 이해를 돕기 위해 옮긴이가 달아놓은 주석이다.

옮긴이 서문

이 책은 마이클 오피츠와 티모시 라진스키의 *Good-bye Round Robin: 25 Effective Oral Reading Strategies*(Updated Edition, 2008)를 번역한 것이다. 옮긴이들은 이 책이 독서 능력 신장을 목적으로 하는 음독 전략을 중시하고 있음에 주목하였다. 음독에 의한 읽기 교육은 보통 아동을 대상으로 하는 것으로 알려져 있으나, 이 책에서는 유치원부터 중학교까지, 즉 읽기 준비기부터 상급 유창성 시기까지 음독 전략을 폭넓게 다루고 있으며, 음독 전략을 사용하는 목적으로 독서 동기와 욕구 고취, 읽기 이해력 발달, 말하기·듣기 능력 향상, 언어 기능과 학생의 삶의 연관성 이해, 공유하거나 실연하기, 읽기 부진 학생 돕기, 읽기 평가 등을 제시하고 있다. 이러한 책의 목적과 범위를 담기 위하여 "돌려 읽기는 이제 그만! 독서 능력을 신장시키는 음독 전략 25"이라고 제목을 정하였다.

Oral Reading을 '소리 내어 읽기'라는 의미의 '음독'으로 많이 번역하지만 이와 비슷한 용어로 '낭독'이라는 말도 친숙하게 사용하고 있다. 굳이 구분하자면 '낭독'은 청자를 두고 소리 내어 읽는 것이라면, 음독은 상대적으로 독자 고려 없이 소리 내어 읽는 것을 포함하는 좀 더 넓은 의미이다. 이 책에 제시된 전략들은 수업을 전제하는 경우가 대부분이라 낭독으로 번역할 수도 있으나, 개인적으로 독자 고려 없이 전략을 사용하는 경우가 있으므로 더 넓은 의미인 '음독'으로 번역하였다.

이 책은 본래 소리 내어 돌려 읽기(round robin reading), 즉 수업 시간에 지명하여 돌려 읽기하는 방법의 문제점을 극복하고, 그 대안적인 교수·학습 전략을 제시하고자 하였다. 하지만 이 책에 소개된 다양한 전략은 우리나라에서 더욱 일반적으로 적용할 수 있다. 최근 들어 독서 능력 향상을 위한 독서 동아리 활동이 강조되고 있는 데다가 줄어들지 않는 읽기 부진 학생 비율로 볼 때, 매우 효과적인 독서 전략이 될 수 있다고 옮긴이들은 판단하였다.

미국 사회에서는 모국어 부진 학생 지도도 있지만, 다양한 이중언어 국민들의 읽기 부진이 우리나라보다 심각하기 때문에 더욱 읽기를 강조하는 것으로 보인다. 급속하게 다문화 사회로 변해가고 있는 우리나라의 상황에서 모국어 사용자의 부진도 큰 문제지만 새롭게 기초 학력 부진 학생이 늘어나고 있음을 볼 때, 이 책은 이를 해결하는 데 도움이 될 수 있을 것이다.

또한 아직도 생소한 학부모와 함께하는 읽기 교육은 우리 교육에서 학부모와 학교 모두 고민해야 할 영역이다. 마을 학교, 공동체 교육이 중요한 학습의 한 부분으로 자리매김하는 과정에서 이 책에서 소개하는 공유하고 실연하는 전략들은 배려하고 협력하며 삶을 공유하는 인성적 측면까지도 충분히 효과가 있을 것으로 기대된다.

음독이라고 하면 유치원생이나 초등학교 저학년 학생용이라고 생각하기 쉬울 수 있지만, 이 책에 있는 몇 가지 음독 전략(예컨대, 이미지 유도, 안내된 듣기 사고 활동, 신속한 정보 탐색 읽기, 짝 읽기 등)은 중학생에게도 적용 가능하며, 다문화인 경우에는 어린 학습자들뿐만 아니라 한글을 익히고자 하는 어른 학습자들에게도 활용 가능할 수 있을 것이다.

원문에서는 영어 독자를 위해 전략별로 다양한 읽기 자료를 추천하고 있는데, 이 부분은 국어교육적 측면에서 효과가 떨어질 것으로 판단되어 원문과는 달리 독자 여러분이 참고할 수 있도록 책의 뒤쪽에 옮겨 놓았으며, 한국어 학습자를 위하여 음독 전략별로 읽어볼 만한 책들을 뒤편에 추가적으로 제시하였다.

모쪼록 이 책을 통하여 독서 능력을 신장시키는 음독 전략의 다양성을 인식하고, 학습 현장에 적용하여 필요한 학습자들의 독서에 대한 성장과 발달에 도움을 줄 수 있다면 옮긴이들은 보람을 가질 것이다.

어려운 출판 환경에서도 책 출판을 위해 도움을 주신 사회평론 윤철호 대표님과 고하영 부장님께 진심으로 감사드린다. 그리고 이 책에 나온 음독 전략을 활용하여 학습자의 독서 능력을 신장시키기 위해서 헌신적인 노력을 다하고 있을 독자들께도 미리 감사드린다.

2018년 2월

윤준채·이천희·조재윤 씀

개정판 서문

묵독(silent reading), 즉 소리 내지 않고 글을 읽는 것은 우리가 일상생활에서 가장 흔히 사용하는 독서 방법이다. 그런데 왜 우리는 음독(oral reading), 즉 소리 내어 글을 읽는 것에 대하여 다루고자 하는가? 그리고 '음독'이 중요하다고 말하면서 왜 우리는 '돌려 읽기(round robin reading)', 즉 "학생들을 차례로 호명해 소리 내어 글을 읽도록 하는 낡은 관행"(Harris & Hodges, 1995, p. 222)과 작별하려 하는가?

이와 같은 두 가지 의문에 대한 답이 이 책의 토대가 된다. 이러한 중요한 질문에 대한 답을 상세히 설명하기 위해서 이 책에서는 여섯 가지로 알아보았다. 첫째, 미국국가읽기위원회(National Reading Panel, 2000)의 음독에 관한 연구 결과를 살펴보았다. 이 위원회의 음독에 관한 연구 결과에 따르면, 교사나 친구 혹은 부모의 적절한 도움을 받아서 진행되는 반복적인 음독 활동은 아동의 단어 재인(word recognition), 유창성, 이해에 긍정적인 영향을 준다. 이러한 결과는 글을 잘 읽는 학생뿐만 아니라 글을 읽는 데 어려움을 겪는 학생에게도 적용된다. 따라서 우리가 아동을 유창한 독자가 되도록 돕고자 한다면 음독은 선택이 아닌 필수가 되어야 한다. 다만 아동을 위해 어떤 음독 활동을 사용할 것인지 혹은 왜 다른 활동 대신에 특정 활동을 사용할 것인지는 선택의 문제이다. 1장에서 강조했듯이, 음독을 사용해야 하는 구체적인 이유들이 있다. 반대로 '돌려 읽기'를 하지 말아야 하는 많은 이유들도 있다. 우리는 이 책에서 유용한 음독에 대해서는 '환영'을, 시대에 뒤떨어진 돌려 읽기에 관해서는 '작별'을 고할 것이다.

둘째, 대부분의 미국 교실에서 우리는 영어를 제2언어로 배우는 학생을 쉽게 찾아볼 수 있다. 그러나 우리는 이러한 학생이 실제 상황에서 영어를 습득할 수 있도록 돕는 최선의 방법을 찾는 것을 교사들에게 맡겨 두고 있다. 이 책에서 소개한 구체적인 음독 전략은 이러한 상황에서 유용하게 활용될 수 있다. 다음의 [표 A]는 언어 유창성의 단계, 각 단계에 대한 설명, 음독 교육 시 주의 사항, 각 단계에 맞은 구체적 음독 전략 등을 제시하고 있다.

[**표 A**] 영어 유창성 단계, 설명, 주의 사항, 알맞은 음독 전략

언어 유창성 단계	설명	음독 교육 시 주의 사항	알맞은 음독 전략
1단계 **준비기** (발생기)	이 단계의 학생은 영어를 들을 수는 있지만 아직 말을 하지는 못하는 침묵의 시기에 있다. 이들은 기본적 욕구를 표현하기 위해서 비언어적 신호를 사용한다.	교사나 친구가 음독의 모델이 되어야 한다. 이 단계의 학생에게 말을 하도록 강요해서는 안 된다. 이들이 원한다면 혼자가 아닌 집단 활동을 통해서 자연스럽게 말할 수 있는 기회를 제공해야 한다.	• 책 읽어주기 • 합창 읽기 • 소리 내어 읽어주기 • 오디오북 읽기 • 부모 참여 읽어주기
2단계 **초기 생성기** (초기)	이 단계의 학생은 구어(oral language)에 대해 좀 더 이해하기 시작한다. 이들은 한두 어절로 응답하며, 기본적인 사회적 상호작용과 기초적인 욕구를 충족시키기 위하여 간단한 문장을 생성하기 시작한다.	교사나 친구가 계속적으로 음독의 모델이 되어야 한다. 학생에게 편안한 환경에서 간단한 음독 연습을 하도록 격려한다.	• 답을 찾으며 읽기 • 책 읽어주기 • 합창 읽기 • 멘토 읽기 • 짝 읽기 • 소리 내어 읽어주기 • 오디오북 읽기 • 부모 참여 읽어주기

3단계 말하기 출현기 (발전기)	이 단계의 학생은 듣기 능력이 발달하고 문어체 영어를 이해할 수 있다. 학생은 간단한 문장을 사용하여 상당히 편안하게 사회적 대화에 참여할 수 있다. 또한 학문적인 언어 유창성을 발달시키기 시작한다.	학생은 모델을 통해서 계속적으로 음독을 학습한다. 학생은 학급 전체, 소집단, 짝의 형태로 음독 활동 연습에 참여한다. 청중 앞에서 혼자 또는 짝과 함께 음독을 하기 전, 피드백을 받으며 연습할 수 있는 기회가 이들에게 주어져야 한다.	• 사고 구술 • 이미지 유도 • 안내된 듣기 사고 활동 • 수정된 라디오 읽기 • 읽기 • 합창 읽기 • 멘토 읽기 • 독자 극장 • 시 클럽 • 짝 읽기 • 학생 음독 듣기 • 유창성 발달 수업 • 부모 참여 읽어주기
4단계 중급 유창성기 (확장기)	이 단계의 학생은 상대적으로 높은 정확성을 가지고 대화에 참여할 수 있다. 이들은 자신의 생각을 구어나 문어로도 잘 표현할 수 있다.	도움을 받은 학생은 원어민 수준까지 유창하게 음독을 할 수 있다. 개방형 질문을 활용한다면 학생의 이해력과 학습 언어 발달을 들여다볼 수 있다.	• 사고 구술 • 이미지 유도 • 안내된 듣기 사고 활동 • 문장부호 생각하며 읽기 • 등장인물처럼 말하기 • 신속한 정보 탐색 읽기 • 수정된 라디오 읽기 • 독자 극장 • 돌아가며 읽기 • 시 클럽 • 소리 내어 읽어주기 • 짝 읽기
5단계 상급 유창성기 (전이기)	이 단계의 학생은 일반적인 대화나 학습 영어를 유창하게 구사할 수 있다. 이들은 읽기, 쓰기, 내용 영역에서 해당 학년 수준 정도의 실력을 발휘할 수 있다.	학생은 음독을 하면서 더 고차원적인 사고를 하도록 요구받는다. 음독은 거의 원어민의 수준에 이르게 된다. 그러나 분석하고 추론하고 평가하는 데서 아직은 도움이 필요하다.	• 이미지 유도 • 안내된 듣기 사고 활동 • 문장부호 생각하며 읽기 • 등장인물처럼 말하기 • 신속한 정보 탐색 읽기 • 소리 내어 읽어주기 • 짝 읽기 • 돌아가며 읽기 • 시 클럽

[표 B]는 음독 전략이 어떤 유창성 발달 단계에 적합한지를 나타내고 있다. [표 A]와 [표 B]를 자세히 살펴보면, 영어를 제2언어로 배우는 학생 사이에도 다양한 언어적 수준과 단계가 존재한다는 것을 알 수 있다. 또한 어떤 음독 전략은 여러 단계에 두루 활용될 수 있는 반면에, 다른 음독 전략은 특정한 단

계에만 관련이 있다. 언어적 유창성에는 여러 단계가 있다는 것을 유념하면서 교사는 학생들의 학습을 극대화하기 위한 가장 적절한 전략을 선택해야 한다.

[표 B] 영어 유창성 수준과 음독 전략

음독 전략	1단계 준비기	2단계 초기 생성기	3단계 말하기 출현기	4단계 중급 유창성기	5단계 상급 유창성기
사고 구술 (Think-Aloud)	○	○	○	○	○
이미지 유도 (Induced Imagery)		○	○	○	○
안내된 듣기 사고 활동 (Directed Listening Thinking Activity)		○	○	○	○
문장부호 생각하며 읽기 (Look for the Signals)		○	○	○	○
등장인물처럼 말하기 (Say it Like the Character)			○	○	○
신속한 정보 탐색 읽기 (Rapid Retrieval of Information)			○	○	○
답을 찾으며 읽기 (Read to Discover)				○	○
수정된 라디오 읽기 (Revised Radio Reading)		○	○	○	
책 읽어주기 (Shared Book Experience)	○	○	○		
합창 읽기 (Choral Reading)	○	○	○		
멘토 읽기 (Mentor Reading)		○	○	○	
독자 극장 (Readers Theater)		○	○	○	
돌아가며 읽기 (Read Around)		○	○	○	○

시 클럽 (Poetry Club)			○	○	○
소리 내어 읽어주기 (Read-Aloud)	○	○	○	○	○
짝 읽기 (Paired Reading)		○	○	○	○
오디오북 읽기 (Recorded Texts)	○	○	○		
아동 음독 듣기 (Listen to Children Read)		○	○	○	
유창성 발달 수업 (Fluency Development Lesson)		○	○	○	
수정된 오독 분석 (Modified Miscue Analysis)		○	○	○	○
회고적 오독 분석 (Retrospective Miscue Analysis)		○	○	○	○
학생 자기 평가 (Student Self-Evaluation)		○	○	○	○
다차원 유창성 평가 (Multidimensional Fluency Scale)		○	○	○	○
읽기 속도 (Reading Rate)		○	○	○	○
조기 시작 (Fast Start: 부모 참여 읽어주기)	○	○	○		

셋째, 아동의 잠재력을 극대화하기 위한 방법으로서 음독을 옹호하면서도 자신들의 어린 시절 유일한 음독 방법이었던 돌려 읽기를 좋아하지 않는 초등학교 교사들이 있다. 이러한 교사들이 이 책에 소개되어 있는 전략에 관하여 가치 있는 견해를 밝혔다. 패티는 다음과 같이 언급하였다. "교사로서 우리는 돌려 읽기와 같은 방법에 완전히 갇혀 있었어요. 왜냐하면 돌려 읽기는 너무나 널리 퍼져 있었기 때문이지요. 하나의 방법이 광범위하게 사용된다는 것은 항상

그것이 효과적이라는 것을 의미하지는 않아요.『돌려 읽기는 이제 그만(Good-bye Round Robin)』에 소개되어 있는 전략으로 말미암아, 저는 유창하게 글을 읽을 수 있는 능력이 매우 중요한데, 학생들에게 이러한 능력을 가르치는 효과적인 방법도 있고 효과적이지 않은 방법도 있다는 것을 깨닫게 되었지요.” 줄리아는 다음과 같이 덧붙였다. “이 책에 소개된 전략은 학생에게 소리 내어 읽을 수 있는 기회를 제공할 뿐만 아니라 자연스럽게 반복하게 함으로써 그들의 유창성을 강화시키지요.” 또한 초등학교 1학년 교사 애슐리는 결정타를 날렸다. “돌려 읽기의 시대는 끝났습니다. 새로운 방법을 찾아야 할 때입니다.” 이는 많은 교사가 아동을 지도하기 위한 더 좋은 방법을 고민하고 있다는 점을 시사한다.

넷째, 매년 대략 5천 권 정도의 아동 도서가 출판되고 있으며 이 책에서 소개하고 있는 구체적인 음독 전략을 적용하는 데 도움이 되는 실제 도서들을 찾기는 어렵지 않다. 이 책에는 각각의 음독 전략별로 10권의 책들을 제시해 놓았고, 이것에 더하여 100권 이상의 권장 도서를 부록에 수록해 놓았다. 다 합치면 음독 전략을 적용하는 데 가장 효과적인 약 300권의 도서를 제시하고 있다.

다섯째, 아동의 교실에 대한 소속감을 높이는 가장 좋은 방법은 그들에게 다양한 모둠 배열을 통해 다른 학생과 상호작용할 수 있는 기회를 제공하는 것이다. [표 C]는 각각의 음독 전략과 이에 적합한 모둠의 크기를 보여준다. 어떤 경우엔 한 차시의 수업에서도 여러 형태의 모둠이 필요하다. 이 책에 소개된 음독 전략들 또한 다양한 형태의 모둠 배치가 필요하다.

마지막 여섯째로, 이 책에서 제시한 음독 전략을 확장하는 방안을 찾는다면 여러 웹사이트를 참고할 수 있다. 관련 웹사이트 모두를 포괄하고 있지는 않지만 음독 전략을 확장하는 방안을 찾는 데 유용할 것이다. 웹사이트의 주소는 '부록 B'에 제시되어 있다.

[표 C] 음독 전략과 모둠 크기

음독 활동 \ 가능한 모둠 크기	학급 전체	소집단	짝	개인
읽기 이해 증진				
사고 구술	○	○	○	○
이미지 유도	○	○	○	○
안내된 듣기 사고 활동	○	○		
문장부호 생각하며 읽기	○	○		○
등장인물처럼 말하기				○
신속한 정보 탐색 읽기		○		○
답을 찾으며 읽기		○	○	○
공유하기와 실연하기				
수정된 라디오 읽기	○	○		
책 읽어주기	○			
합창 읽기	○	○		
독자 극장	○			○
돌아가며 읽기		○		○
시 클럽	○			○
읽기 부진 독자				
소리 내어 읽어주기	○			
짝 읽기			○	
오디오북 읽기		○		○
유창성 발달 수업	○	○	○	○

1925년 닐라 밴턴 스미스(Nila Banton Smith)는 "현재 우리 사회는 과거에 행하던 방법보다 좀 더 효과적인 읽기 방법을 필요로 한다."(p. iii)라고 언급했다. 의심할 것 없이 이 한마디는 우리 시대에도 잘 들어맞는 듯하다. 특히 이 책

의 핵심 내용인 효과적이고 의미 있는 음독 전략과도 일맥상통한다. 그러나 우리는 음독이 묵독을 대체하는 것이 아니라 묵독을 보충하고 보완한다는 점을 강조하고 싶다. 음독과 묵독을 함께 병행하는 방법은 학생으로 하여금 읽기 기능을 가지게 할 뿐만 아니라 독서에 대한 흥미와 열정을 가진 독자로 거듭나게 하는 최고의 전략이 될 수 있다.

초판 서문

교사들이 모두 자리에 앉았다. 수업이 시작되었다.

"여러 선생님, 안녕하십니까? 오늘 우리는 읽기 수업에서 음독을 활용하는 방법에 대해 알아볼 것입니다. 먼저 소리 내어 읽는 것부터 시작하겠습니다. 341쪽을 펴세요. 피터 씨가 먼저 읽으시고 나머지는 따라 읽으세요." 피터가 책을 읽기 시작하자, 나(마이클)는 다른 선생님이 잘 따라오고 있는지를 확인하기 위하여 교실을 둘러본다. 나는 메리 씨가 조금 앞서 읽고 있는 것을 눈치 채고는 그녀를 호명하여 책을 읽도록 하였다. 확실히 그녀는 어디를 읽어야 할지를 알지 못했다. 나는 조금 짜증난 듯한 목소리로 말했다. "메리 씨, 제가 잘 따라오라고 말씀드렸지요. 잘 따라왔다면 어디를 읽어야 할지를 알았을 텐데요. 피터 씨, 메리 씨에게 어디를 읽어야 하는지 알려주세요." 소리 내어 읽는 일은 모든 사람이 한 번씩의 읽을 기회를 가질 때까지 계속되었다. 그런 다음에 나는 선생님들이 글을 잘 이해했는가를 알아보기 위하여 종이 한 장씩을 꺼내도록 했다. 모두 책을 읽었기 때문에 시험을 통과하는 데에는 별다른 어려움은 없을 것이라는 말도 덧붙였다.

그들은 "이 시험이 성적에 반영되나요?"라고 물었다. 나는 "그렇습니다. 이 시험은 여러분의 성적을 평가하는 데 중요합니다."라고 답했다. 교사들은 마지못해 종이를 꺼냈다. 나는 "여러분, 시험은 농담이니 종이는 모두 집어넣으세요. 대신에 시험 본다고 했을 때 어떤 느낌을 받았는지 말해 보도록 합시다."라고 말했다. 교사들이 불안감과 안도감에 대해 이야기하기 시작하면서 교실 안은 왁자지껄해졌다. 나는 조용해질 때까지 기다린 다음에 몇몇 교사에게 개인적인 느낌을 말해보도록 했다.

"손에 땀이 났어요."

"가슴이 쿵쾅쿵쾅 뛰고 숨을 못 쉬겠던데요."

"언제 저를 호명할지를 알려고 하면서 제가 읽을 부분을 생각하고 있었지요."

"기다리면 기다릴수록 점점 더 신경이 곤두서더군요."

"제가 기억하는 유일한 것은 교수님께서 다른 사람을 호명했을 때 안도감을 느꼈다는 것이에요."

"읽을 곳을 따라오지 못했다고 꾸중하시고 피터 씨에게 읽을 곳을 알려주라고 하셨을 때, 너무 당황스러워서 교실을 떠날 생각을 했어요."

"단어를 잘못 읽어 다시 읽어보라고 하셨을 때 너무 창피했어요. 왜 이것을 하도록 시키시는지 의아했어요."

교사들의 이야기가 끝났을 때 나는 말했다. "매일 많은 학생이 이러한 방식의 읽기를 경험합니다. 여러분이 가르치는 학생들도 여러분과 같은 느낌을 가졌을 것이라고 생각하시는지요?"

교사들은 지체 없이 한 목소리로 "예."라고 답했다. 그리고 나서 다시 열띤 토론이 이어졌다. 몇몇 교사는 돌려 읽기과 관련된 학창 시절의 행복하지 않았던 기억들과 돌려 읽기를 하라고 했을 때 얼마나 긴장했는지, 즉 어떻게 그들의 주요 목표가 '창피를 면하는 것'이었는지에 대해서 이야기했다. 또 다른 교사는 소리 내어 읽을 차례가 되었을 때 배가 아픈 느낌을 받았거나 손과 목소리가 주체할 수 없이 떨렸다고 털어놓기도 했다. 어떤 교사는 돌려 읽기는 아동에게도 똑같은 감정을 불러일으킬 수 있을 뿐만 아니라 읽기에 대한 잘못된 생각을 심어줄 수 있다는 것을 지적하면서 돌려 읽기를 사용해서는 안 된다고 주장했다. 계속해서 그 교사는 "어쨌든 우리는 일상생활에서 이러한 방식의 읽기를 요구받지는 않아요. 대체로 우리는 묵독을 하고, 여러 사람들 앞에서 소리 내어 읽을 때에는 미리 묵독으로 연습할 기회를 갖지요"라고 말했다. 하지만 어떤 교사는 이러한 교사의 의견에 동의를 하면서도 자신이 돌려 읽기를 사용하는 이유에 대하여 말하기도 했다. 그런데 교사들이 언급한 돌려 읽기를 사용하는 이유를 잘 살펴보면 그것은 종종 수업 중 학생들이 한눈을 팔지 않도록 하기 위한 교실 관리의 문제와 관련되어 있다는 것을 알 수 있다. 나는 교사들의 진심어린 토론에 감사를 표하면서, 해리스와 호지스(Harris & Hodges, 1995)가 "학생들을 차례로 호명해 소리 내어 글을 읽도록 하는 낡은 관행"(p. 222)이라고 정의한 돌려 읽기를 대체할 수 있는 몇 가지의 '효과적인' 음독 전략을 여러분이 공부할 준비가 되었다는 말로 본격적인 수업을 시작했다.

앞의 사례에서 보듯이, 돌려 읽기는 시대에 뒤떨어진 방법이다. 그러나 돌려 읽기는 종종 이론적인 근거 없이 혹은 좀 더 효과적인 방법을 찾는 노력 없이 사용되었다. 알링턴(Allington, 1984)이 20여 년 전에 지적했듯이, "음독은 평가 방법이나 수업 방법 중의 하나이기는 하지만 명료한 체계를 가지고 있는 수업 활동이라 할 수는 없다."(p. 834). 그럼에도 불구하고 음독은 중요한가? 확실히 그렇다. 그렇다면 우리는 음독을 제대로 살펴보고 가장 효과적이고 효율적인 방식으로 사용해야 한다.

우리는 교사가 음독을 효과적이고 효율적인 방식으로 사용하도록 하기 위하여 이 책을 썼다. 우리는 음독을 효과적으로 활용하는 몇 가지의 방법을 소개하고, 어떻게 음독이 읽기 수업에 적용될 수 있는지를 보여줄 것이다. 우리의 일차적인 목표는 모든 아동이 글을 읽도록 하기 위한 최선의 음독 전략을 제공하는 데 있다. 이 책은 아동을 대상으로 한 연구에 토대를 둔 음독 전략들로 구성되어 있어 모든 학생이 글을 이해하고, 정보를 공유하고, 그리고 효과적인 읽기 전략을 찾는 데 도움을 줄 것이다. 아울러 우리는 읽기 부진 아동을 돕는 방법뿐만 아니라 학부모를 참여시키는 방안도 함께 제시하였다.

먼저 우리는 읽기에 대한 개념과 음독을 지지하는 이유를 살펴볼 것이다. 확실히 묵독은 일상생활에서 가장 빈번하게 사용하는 읽기 방법이며 모든 효과적인 읽기 프로그램의 중심이 될 것이다. 그렇지만 음독이 필요한 경우도 있다. 예를 들어, 음독은 누군가의 요구에 반응할 때에도 사용되고(예컨대, "텔레비전 편성표를 보고 9시에 무엇을 하는지 나에게 알려줄래?"), 음식점에서 메뉴판을 보고 주문할 때에도 사용된다. 또한 동네 서점에서 개최한 '시인의 밤'에서 시를 낭송할 때에도 사용된다. 확실히 아동이 전략적인 독자, 즉 글을 이해하기 위하여 언어적 실마리(예컨대, 의미, 통사, 철자 등), 맥락적 실마리(예컨대, 읽기가 일어나는 상황과 읽혀지는 텍스트의 종류), 그리고 인지적 실마리(예컨대, 의미가 혼란스러울 때의 예측하기, 확인하기, 증명하기, 수정하기 등)를 사용하는 독자가 되기 위해서는 묵독과 음독 경험 모두가 필요하다. 사실상 전략적인 독자란 일상생활에서 묵독과 음독을 사용하여 다양한 목적을 위하여 여러 형태의 자료를 읽게 하는 이와 같은 실마리를 사용할 수 있을 뿐만 아니라 사용하는 독자라 하겠다.

1장은 이 책에서 소개하고 있는 효과적인 음독 전략에 대한 개관이다. 각각의 장은 학생이 구체적인 읽기 전략을 학습하여 보다 능숙한 독자가 될 수 있도록 구성하였다. 2장은 읽기 이해력을 신장하기 위하여 음독을 사용하는 방법을, 3장은 공유하기와 실연하기를 위한 다양한 음독 전략을 제시하였다. 4장은 읽기에 어려움을 겪고 있는 독자를 돕기 위한 몇 가지의 음독 전략을 소개하였다. 각각의 음독 전략을 적용하는 데 활용할 수 있는 '추천 도서' 목록도 제시하였다.[1] 물론 여러분의 기호에 따라 제시된 목록에 새로운 도서를 추가할 수

---

1 이 추천 도서 목록은 각 음독 전략별로 모아서 책 뒤에 별도로 제시하였다.

도 있다. 또한 각각의 음독 전략을 설명한 다음에 '교사의 목소리'를 두어 실제적으로 교사가 교실에서 음독 전략을 어떻게 사용하는지를 보여주었다. 마지막에는 '확장·조언·연계' 절을 마련하여 음독 전략을 사용하는 추가적인 방법과 추가적인 수업 기술을 제시하였다.

읽기를 평가하기 위하여 음독을 사용하는 것은 중요하다. 왜냐하면 평가 결과는 아동이 어떤 구체적인 전략을 사용하는지, 개선될 부분이 무엇인지를 알려주기 때문이다. 그러나 다른 평가 방법들과 마찬가지로 교사와 학생은 왜 평가를 해야 하는지, 무엇을 평가해야 하는지를 알아야 한다. 5장은 이러한 문제를 논의하고 몇 가지의 적절한 평가 방법들을 소개하였다.

항상 부모는 자녀의 읽기를 도와주는 최선의 방법을 알기를 원한다. 그리고 자신이 잘하고 있다는 것을 확신하기를 원한다. 이러한 점에서 6장은 부모에게 많은 도움이 될 것이다. 우리는 책을 소리 내어 읽는 것을 효과적으로 수행하기 위한 안내 지침과 함께 좋은 책을 찾는 데 도움이 되는 특별한 참고 자료를 제시하였다. 마지막 7장에서는 음독 전략에 대한 질문과 그에 대한 답을 제시하였다.

우리는 이 책에 소개되어 있는 음독 방법이 여러분의 상황에 잘 들어맞는지를 살펴보면서 시도하기를 권한다. 모든 배움에는 일정 정도의 모험이 따르기 마련이다. 수영의 예를 들어보자. 수영을 배울 때 수영장으로 다이빙해 몸을 한 번에 물에 담그는 사람이 있는 반면에 한쪽 발부터 조금씩 몸을 담그면서 천천히 물에 들어가는 사람도 있다. 새로운 수업 전략을 시도하는 것은 수영을 배우는 것과 같다. 성공할 것이라는 굳은 신념과 끈기를 가지고 시도해 보라. 그러면 학습자들은 여러분의 헌신적인 노력을 높게 평가할 것이다.

차례

1장

읽기에 대한 이해

음독을 하는 이유는 다양하다. 그러나 음독 중에서 '돌려 읽기'를
벗어나야 하는 이유가 있다. 음독은 유익하지만 '돌려 읽기'는 읽기
능력을 저해한다.

묵독(silent reading)은 효과적인 읽기의 핵심 요소이다. 우리가 교실에서
학생에게 권장하는 읽기 방법이 묵독이라는 사실은 놀랄 만한 일이 아니
다. 학생이 학교 안에서 사용하는 읽기 방법은 전형적으로 우리가 학교 밖에서
사용하는 읽기 방법과 잘 부합하는데, 그것은 다름 아닌 묵독이다. 묵독은 속도
가 빠르며 다른 사람을 방해하지 않으면서 글을 다시 읽을 수도 있는 방법이다.

윌킨슨(Wilkinson, 1991)에 따르면, 음독(oral reading)과 비교할 때 묵독은
학생을 보다 읽기에 집중하게 하며 읽기 후에 이어진 토론에도 보다 적극적으
로 참여하도록 한다. 즉, 묵독하는 학생은 글의 정보를 더 쉽게 회상할 수 있고
질문에 답하는 데 필요한 구체적인 정보를 더 용이하게 찾아낼 수 있는 것이다.

그렇다면 왜 우리는 익숙한 돌려 읽기를 지양하라고 권유하면서 동시에 음
독을 사용하도록 권하는가? 여기에서는 이런 질문에 대한 답과 함께 모든 아동
을 위한 효과적인 읽기 지도의 이론적 토대를 살펴볼 것이다. 먼저 읽기에 대한
정의를 살펴보고, 이 책에서 제시하고 있는 효과적인 음독 전략의 토대를 알아
보자.

1. 읽기란 무엇인가

이 질문에 답하기 위하여 많은 읽기 이론이 만들어졌고, 각각의 이론은 읽기의 서로 다른 측면을 강조하고 있다. 그럼에도 불구하고 읽기의 본질이 이해(comprehension)라는 점에서는 의견을 같이 하고 있다(Ruddell, Ruddell, & Singer, 1994). 또한 읽기는 글에 대한 의미를 구성하기 위하여 독자가 자신의 배경지식을 동원하는 복잡하고 다차원적인 과정이라는 점에도 이견이 없다. 사실상 우리가 규정한 읽기에 대한 정의도 이러한 이론을 토대로 하고 있다. 우리는 독자로서, 아동을 가르치는 교사로서 읽기에 대한 세 가지 정의를 내린 바 있다.

1) 읽기는 언어다

글을 읽을 때 독자는 자신이 직감적으로 알고 있는 세 가지 언어 신호 체계, 즉 의미(semantic), 통사(syntactic), 철자(graphophonic) 신호 체계를 사용한다. 독자는 글의 내용을 토대로 의미 신호를, 문장의 문법 구조를 토대로 통사 신호를, 그리고 낱자와 소리의 대응 관계를 토대로 철자 정보를 끌어낸다. 이러한 세 가지 신호 체계는 매우 중요하며, 독자가 뜻을 파악할 수 있도록 지속적으로 작용한다([그림 1-1]). 이 신호 체계는 독자로 하여금 "의미가 통하는가? 이 소리가 옳은가? 이 모양이 맞는가?"와 같은 질문에 답하게 하면서 글의 뜻을 파악하도록 한다.

2) 읽기는 인지 과정이다

독자는 단어를 토대로 글이 전달하려는 내용을 예측하고 뜻이 잘 통하는지 살펴보면서 자신의 예측을 확인한다. 독자는 자신이 글의 내용을 정확하게 이해하고 있는지를 점검하고 이해가 되지 않을 때에는 그것을 해결하기 위한 행동을 취한다. 예를 들어, 이해하지 못한 부분이 있으면 자체적로 수정하거나 끝

[그림 1-1] 세 가지 언어 신호 체계: 의미, 통사, 철자

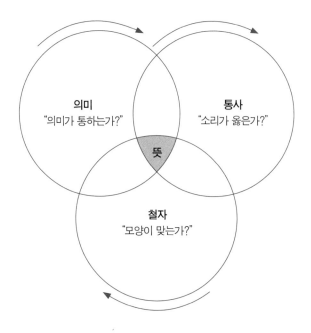

까지 읽은 다음에 그곳으로 돌아가서 확인할 수도 있다. 능숙한 독자는 전략적이기 때문에 글을 확실히 이해하기 위하여 다양한 전략을 활용한다.

3) 읽기는 사회적 행위다

독자는 글을 읽을 때 화용론(話用論, pragmatics), 즉 읽기가 이루어지는 맥락(예컨대, 학교·침대·병원 등 글을 읽는 상황과 교과서·소설·잡지 등 책의 종류)을 활용한다. 독자는 자신의 독서 목적에 따라 책을 선택하고 읽을 장소를 선택한다. 확실히 읽기는 우리 일상에서 다양한 목적으로 수행된다. 우리는 정보를 공유하거나 다른 사람으로부터 배우기 위하여, 우리 스스로에 대하여 더 많이 알기 위하여, 또는 취미 생활이나 직장 생활에서 유용한 지식을 익히기 위하여 책을 읽는다. 읽기를 통해 우리는 삶의 질을 높이면서 그 자체로 행복과 즐거움을 얻는다.

2. 음독을 해야 하는 12가지 이유

'읽기'에 대한 우리의 정의는 음독의 효과적인 사용을 뒷받침하고 있다. 읽기는 언어이며, 아울러 사회적 차원도 가진다. 음독은 다른 사람과 정보를 공유하고자 할 때 반드시 필요하다(예컨대, "이것을 듣고 어떻게 들리는지 나에게 말해 주겠니?"). 또한 교사로서 우리가 아동이 언어 신호 체계를 효과적으로 사용하고 있는지를 확인하고자 할 때에도 필요하다. 다음에서는 읽기 프로그램에서 음독을 해야 하는 12가지의 구체적인 이유를 소개한다. 여러분도 12가지 이외에 또 다른 이유를 생각해 보길 바란다.

1) 읽기에 대한 학생의 욕구를 돋우기 위하여

교사는 학생에게 책을 소리 내어 읽어줌으로써 그들에게 언어의 리듬과 아름다움을 느낄 수 있게 한다. 음독은 아동에게 책, 신문기사, 시, 자신이 직접 쓴 글과 같은 다양한 읽기 자료를 접할 수 있게 하는 좋은 기회를 제공한다. 교사는 다양한 글을 소리 내어 읽어줌으로써 학생에게 교양 있고 풍요로운 삶이 무엇인가를 일깨워준다. 학생은 이런 경험을 통하여 읽기는 삶의 일부분이며 여러 모로 쓸모가 있다는 것을 배운다. 또한 교사는 학생에게 다양한 글을 읽는 방법을 보여줄 수도 있다. 예를 들어, 교사는 사실적인 내용의 글을 읽을 때 마음속으로 핵심 내용을 요약하도록 적절하게 끊어 읽는 방법을 보여줄 수도 있다. 정보를 빠르게 찾기 위하여 훑어 읽기 방법을 보여줄 수도 있다. 또한 가디너(Gardiner)의 『조금만, 조금만 더(Stone Fox)』[1]와 같은 아름다운 작품을 읽을 때에는 교사는 자신의 목소리를 통하여 작가가 전하는 감동을 들려줄 수 있다. 프레이리(Freire, 1985)가 말했듯이, "독서는 글 위에서 춤을 추는 것이 아니다.

---

1 본문에 나와 있는 원서들 중에서 번역되어 나온 책은 번역된 책명을 원서명과 병기해 두었다.

독서는 글의 정신을 온전히 이해하는 것이다."

2) 공유하거나 실연하기 위하여

음독은 우리가 정보를 공유하는 하나의 방식이다. 정보를 공유하는 것은 때때로 비공식적이기도 하고(예컨대, "야, 이것 좀 들어봐!"), 때때로 공식적이기도 하다(예컨대, "37쪽에서 발견한 정보를 여러분에게 읽어주겠습니다"). 다른 측면에서, 음독은 실연(實演)의 필수적인 부분이다. 예를 들어, 학생은 연극에 참여하기도 하고 시를 낭송하기도 한다. 이러한 공유를 통하여 학생은 독서의 가치와 독서가 주는 기쁨을 느낄 수 있다. 또한 학생은 문자 언어를 소리 내어 읽는 것이 "문자로 인쇄되거나 기록되어 있는 의견, 정보, 느낌, 분위기, 행동"(Artley, 1972, p. 47)을 다른 사람과 나누는 하나의 방법이라는 것을 이해할 수 있다. 이 책의 3장은 공유하고 실연할 수 있도록 하는 다양한 방법을 학생들에게 제공한다.

3) 말하기가 어떻게 다른 언어 기능 및 자신의 삶과 연관되는지를 독자에게 더 잘 이해시키기 위하여

학생들은 글을 소리 내어 읽을 때 쓰인 글자가 소리 내어 읽힐 수 있다는 것을 인식하기 시작한다. 그들은 쓰기, 읽기, 말하기가 모두 유기적으로 관련 있는 언어적 과정이라는 것도 이해하기 시작한다. 또한 읽기와 듣기가 학교 안팎의 일상생활에서 필수적인 요소라는 것을 이해하기 시작한다. 도널드 그레이브스(Donald Graves, 1983)가 언급했듯이, "글을 읽고 쓸 줄 안다는 것은 경청하고, 주의 깊게 관찰하고, 그 순간이 전달하는 것을 이해하고, 그리고 '이것이 무엇을 의미하지?'라고 질문할 줄 아는 것이다."

4) 듣기 능력과 어휘력을 향상시키기 위하여

학생은 다른 사람이 소리 내어 읽는 것을 들음으로써 듣기 어휘(listening vocabulary), 즉 듣고 이해할 수 있는 어휘를 확장한다. 연구에 따르면, 아동은 단어의 의미에 대한 교사의 설명 없이 다른 사람이 큰 소리로 읽는 이야기를 듣는 것만으로도 어휘력을 향상시킨다(Elley, 1989). 향상된 듣기 어휘력은 독자에게 단어의 소리와 의미를 제공함으로써 읽기 능력의 신장을 돕는다. 귀에 친숙한 단어를 읽고 이해하는 것은 귀에 생소한 단어를 읽고 이해하는 것보다 훨씬 쉬운 법이다. 아울러 듣기는 독자에게 문자가 어떻게 소리 내어지는가를 보여줌으로써 읽기 능력의 발달을 돕는다. 이렇듯 언어 구조를 이해하게 되면 독자는 글을 읽을 때 글의 내용을 예측할 수 있게 된다. 오래전에 휴이[Huey, 1908(1968)]가 언급했듯이, "눈이 아닌 귀가 아동의 영혼으로 가는 가장 가까운 길이다"(P. 334).

5) 학생으로 하여금 읽기와 관련 있는 수많은 기능을 발달시키도록 하기 위하여

학생은 글을 능숙하게, 감정을 실어서, 그리고 알맞게 띄어 읽을 수 있어야 한다. 이것은 능숙한 읽기의 징표이다. 한 연구에 따르면, 음독은 이러한 기능뿐만 아니라 [표 1-1]에 제시되어 있는 많은 기능을 발달시키는 데 가장 효과적인 방법 중의 하나이다(Reutzel, Hollingsworth, & Eldredge, 1994). 이 책의 2장은 이러한 기능을 발달시키는 데 활용할 수 있는 몇 가지 전략을 제시한다.

6) 영어가 모국어가 아닌 학생의 언어 학습을 촉진하기 위하여

매컬리와 매컬리(McCauley & McCauley, 1992)는 제2언어 습득의 중요한 요인으로 불안감이 없는 환경, 반복 연습, 충분히 이해할 수 있는 언어 자료, 그리고 연출(drama)을 꼽았다. 불안감이 없는 환경이란 실수가 충분히 허용되어

[표 1-1] 효과적인 음독 전략과 그 전략이 발달시키는 기능들

효과적인 음독 전략 / 읽기 기능/전략	읽기 이해 증진							공유하기와 실연하기						
	사고 구술	이미지 유도	안내된 듣기 사고 활동	문장부호 생각하며 읽기	등장인물처럼 말하기	신속한 정보 탐색 읽기	답을 찾으며 읽기	수정된 라디오 읽기	책 읽어주기	합창 읽기	멘토 읽기	독자 극장	돌아가며 읽기	시 클럽
긍정적 태도/읽기 흥미	○	○	○	○	○	○	○	○	○	○	○	○	○	○
읽기 이해	○	○		○	○	○	○	○	○	○	○	○	○	○
듣기 이해	○	○	○					○				○		○
어휘	○							○	○	○	○	○	○	○
언어 신호 활용				○	○	○	○	○	○	○	○	○	○	○
예상하기	○	○	○					○				○		○
이미지 만들기	○	○	○					○		○		○		○
배경지식 활용	○	○		○	○	○	○	○	○	○	○	○	○	○
점검하기	○					○								
추론하기	○	○	○					○	○	○	○	○	○	○
표현성(유창성)				○	○	○	○	○	○	○	○	○	○	○
띄어 읽기(유창성)				○	○	○	○	○	○	○	○	○	○	○
훑어 읽기				○		○	○						○	

학습자가 거리낌 없이 다양한 시도를 해볼 수 있는 학습 환경을 말한다. 반복 연습이란 유창성을 증진시키기 위하여 반복적으로 연습할 수 있는 시간과 기회를 제공하는 것을 말한다. 충분히 이해할 수 있는 언어 자료란 학습자가 이야기되고 있는 내용을 파악할 수 있는 것을 가리킨다. 섬세한 교사는 의도적으로

[표 1-1] 효과적인 음독 전략과 그 전략이 발달시키는 기능들(계속)

읽기 기능/전략	읽기 부진 독자 돕기					음독 평가					가정
	소리 내어 읽어 주기	짝 읽기	오디오북 읽기	아동 음독 듣기	유창성 발달 수업	수정된 오독 분석	회고적 오독 분석	학생 자기 평가	다차원 유창성 평가	읽기 속도	조기 시작
긍정적 태도/읽기 흥미	○	○	○	○	○		○	○		○	○
읽기 이해		○		○	○	○	○	○	○	○	○
듣기 이해	○	○	○								○
어휘	○	○							○		○
언어 신호 활용		○		○	○	○	○				○
예상하기	○	○									○
이미지 만들기	○	○	○								
배경지식 활용		○			○						
점검하기		○			○	○	○		○		
추론하기		○	○								
표현성(유창성)	○	○	○	○	○			○	○		
띄어 읽기(유창성)		○	○	○	○			○	○		
훑어 읽기											

학습자가 이미 알고 있는 단어 속에 새로운 단어를 넣어 사용한다. 이렇게 함으로써 학습자의 이해력과 성장을 촉진시킨다. 연출은 학습자에게 사회적 환경 속에서 언어를 사용할 수 있게 한다. 연출을 통해 학습자는 말과 행동의 관련성을 배울 수 있다. 이러한 요인들은 음독 전략, 특히 합창 읽기가 사용될 때 영향

력을 발휘한다. 아울러 이 요인들은 영어가 모국어가 아닌 학습자의 수준('개정판 서문'의 [표 A] [표 B] 참조)과는 관계없이 모든 학습자가 글을 상대적으로 편안하게 읽을 수 있게 한다.

7) 자신감 형성을 위하여

학생들은 선택한 글을 반복적으로 소리 내어 읽는 연습을 함으로써 다른 사람 앞에서 실연할 수 있는 자신감과 능력을 높인다. 이런 연습은 학생들에게 실연에서 나타날 수 있는 여러 문제를 검토할 시간을 제공하기 때문에 음독을 보다 편안하게 하도록 할 뿐만 아니라, 단어가 전달해야 하는 의미 표현에 더욱 집중하게 한다. 학생들은 자신의 실연에 관심이 있는 다른 사람과 소통할 수 있고, 다른 사람과 소통하는 데 두려움을 느낄 이유가 없다는 것을 직접적으로 경험하게 된다.

8) 이해력을 더욱 발달시키기 위하여

작가는 자신의 생각을 전달하기 위하여 특정한 언어를 사용할 뿐만 아니라 자신이 의도한 의미를 드러내기 위하여 다양한 문장부호, 굵은 글씨체, 이텔릭체, 서로 다른 크기의 글자 등과 같은 조판부호를 사용한다. 우리는 학생으로 하여금 특정한 언어와 문장부호 모두에 주의를 기울이게 함으로써 작가의 의도를 더욱 잘 이해할 수 있도록 하고자 한다. 이 책의 2장은 이러한 부호를 사용하는 방법, 즉 부호란 무엇이며 어떻게 부호가 글에 대한 이해를 촉진시키는가를 알려줄 것이다.

9) 아동이 글을 읽을 때 사용한 전략이 무엇인지를 확인하기 위하여

음독은 아동의 읽기 과정을 들여다볼 수 있는 창과 같다(Goodman, 1965, 1996). 아동이 글 읽는 모습을 관찰하면서 교사는 아동이 어떤 전략을 사용하는지, 더 발달시켜야 할 전략이 무엇인지를 판단할 수 있다. 학생 또한 음독 결과를 활용하면 자신이 어떻게 읽고 있는가를 더 잘 이해할 수 있다. 예를 들어, 교사가 학생의 글 읽는 과정을 정확하게 기록하여 평가 자료를 학생에게 제공하면, 학생은 교사의 안내에 의해 자신이 어떤 전략을 사용하는지, 더 발달시켜야 할 전략이 무엇인지를 알 수 있다. 마찬가지로 학생이 자신이 글 읽는 모습을 녹음한다면, 그 학생은 자신의 글 읽는 소리가 다른 사람이 일상생활에서 사용하는 언어처럼 들리는지를 직접적으로 확인할 수 있다. 만약 학생이 일종의 효과적인 읽기의 특성 점검표(5장의 [그림 5-3] 참조)를 제공받는다면, 그 학생은 자신이 글을 잘 읽고 있는지, 더 발달시켜야 하는 것들이 무엇인지를 확인할 수 있다. 5장은 이와 같은 목적으로 사용될 수 있는 평가 방법들을 열거하고 있다.

10) 읽기 능력의 향상을 자신 및 다른 사람과 공유할 수 있는 수단으로 제공하기 위하여

아동은 자신의 읽기 능력을 발달시키면서 자기 자신, 부모, 다른 사람에게 글을 소리 내어 읽어주거나 음독을 녹음함으로써 자신의 성장을 드러내 보일 수 있다. 음독은 아동의 읽기 능력 향상을 점검할 수 있는 수행 평가의 역할을 한다. 학생에게 주기적으로 음독을 녹음하도록 하는 것은 자신이 얼마만큼 성장했는지를 알 수 있게 하는 가장 좋은 방법이다. 예를 들어, 학생은 학창 시절의 녹음 테이프 중에서 첫 번째 테이프와 마지막 테이프를 들으면서 자신이 얼마나 변화했는지를 알 수 있다. 이렇게 함으로써 학생은 진정한 학습의 과정이 무엇인지와 그 과정이 결과만큼 가치 있다는 것을 깨닫게 된다.

11) 지속적인 읽기 능력을 신장시키는 데 필요한 추가적인 읽기 시간을 제공하기 위하여

어떤 연구에 따르면, 아동의 읽기 능력은 그들의 읽기 시간에 영향을 받는다(Anderson, Wilson, & Fielding, 1988; Postlethwaite & Ross, 1992). 공유하고 실연하기 위하여 음독을 사용하는 것은 아동의 읽기 능력을 지속적으로 신장시키는 데 필요한 추가적인 시간을 제공하는 실제적인 의미 있는 한 방법이다. 예를 들어, 독자 극장(Readers Theatre)을 준비할 때(3장 참조), 아동은 의미 있는 읽기를 연습할 수 있는 많은 시간을 제공받게 된다. 또한 아동이 다른 사람과 감상하기 위하여 시집을 뒤적여 시를 찾을 때에도 의미 있는 읽기 연습이 많이 일어난다. 좋은 시를 찾기 위해서는 여러 차례 소리 내어 읽어야 하는 것이다!

12) 국가 수준의 읽기 성취 기준 및 영어 성취 기준을 충족시키기 위하여

국제독서협회(IRA)와 전국영어교사협의회(NCTE)가 제시하고 있는 네 가지 영어과 성취 기준(International Reading Association, 1996)은 학생들이 다양한 청중과 함께 그리고 다양한 목적을 위해 소통할 수 있도록 그들에게 다양한 방식으로 음성 언어를 사용할 것을 요구하고 있다. 이 책에 소개되어 있는 많은 음독 전략은 이러한 성취 기준을 쉽게 충족시킬 수 있게 한다. 예를 들어, 시 클럽(Poetry Club)은 짝 읽기(Paired Reading)와는 서로 다른 음독 방법이며, 청중 또한 같지 않다. 평가를 위해 소리 내어 읽는 것은 음독이 특정한 청중과 소통하는 데 쓰이는 또 다른 방법이다.

3. 왜 돌려 읽기에서 벗어나야 하는가?

『문식성 사전(The Literacy Dictionary)』에 "학생을 차례로 호명해 소리 내어 글을 읽도록 하는 낡은 관행"(Harris & Hodges, 1995, p. 222)으로 정의되어 있는 '돌려 읽기'는 많은 문제점을 가지고 있다.

1) 학생들에게 읽기에 대해 정확하지 않은 관점을 심어준다

우리는 일상생활 속에서 아무런 준비 없이 다른 사람들 앞에서 글을 소리 내어 읽지는 않는다. 우리가 여러 사람들 앞에서 소리 내어 읽을 경우에도 청중은 우리가 공유하고자 하는 정보에 귀를 기울이지, 읽는 소리 하나하나에 귀를 기울이며 따라가지는 않는다. 실제로 우리가 소리 내어 읽을 때 청중은 종종 그 복사본을 따로 가지고 있지는 않다. 이와 마찬가지로, 단어 하나하나를 올바르게 읽도록 하는 것만이 수업의 목표가 된다면, 학생들은 모든 독서는 단어를 정확하게 읽기만 하면 된다는 잘못된 생각을 가지게 된다. 우리가 아동에게 읽기에 대한 올바른 관점을 길러주고자 한다면 독자가 실생활에서 행하는 그런 독서 활동을 하도록 가르쳐야 한다.

2) 효과적인 읽기 전략 대신에 잘못된 읽기 습관을 갖도록 한다

학생들은 서로 다른 속도로 읽는 경향이 있으며, 대체로 한 번에 서너 개의 단어에 시선을 고정시킨다. 그런데 만약 다른 학생이 소리 내어 읽는 것을 따라가야 한다면, 그들은 한 번에 두어 개의 단어에만 시선을 고정하게 될 뿐만 아니라 해당 단어를 여러 차례 반복적으로 읽게 된다. 이는 그들로 하여금 너무나 적은 단어만을 확인하게 함으로써 글의 의미를 파악하지 못하게 한다. 다른 학생이 소리 내어 읽는 것을 따라가는 학생은 이러한 습관을 발전시켜 능숙한 읽기를 발달시키는 데 어려움을 겪을 수도 있다. 더 나아가, 그 학생은 읽기는 자신을 좌절하게 만드는 것이며 아무런 의미가 없는 것이라는 잘못된 생각을 갖게 될 수도 있다.

3) 불필요한 속말을 유발할 수 있다

한 학생이 글을 소리 내어 읽는 동안에 나머지 학생은 속으로 읽으면서 그 학생이 읽는 것을 따라가야 한다. 하지만 소리 내어 읽는 것은 속으로 읽는 것보다 느리기 때문에 속으로 읽으면서 따라가야 하는 학생은 모든 단어를 속말로 하게 된다. 이런 속말이 습관화되면 읽기 속도가 느려질 수 있다.

4) 부주의한 행동을 야기하여 생활지도 문제를 일으킬 수 있다

한 학생이 소리 내어 읽으면 나머지 학생은 그 학생이 읽는 것을 따라가야 한다. 하지만 많은 학생은 그렇게 하지 않는다. 대신에 그들은 소리 내어 읽는 학생보다 더 빨리 읽거나 자신이 나중에 읽어야 할 부분을 먼저 읽는다. 또는 전혀 집중하지 않은 채 다른 친구와 떠들어댄다. 그 결과는 어떤가? 글이 읽히는 동안 글의 의미는 거의 전달되지 않는다. 몇몇 학생은 따라 읽지 않는 것 때문에 질책을 받고 읽기에 대한 흥미를 잃게 된다.

5) 학생의 잠재력을 최대한으로 발달시키는 데 장애가 될 수 있다

아동이 소리 내어 읽으면서 실수를 할 때, 특히 읽기 부진 아동이 소리 내어 읽으면서 실수를 할 때 아동 스스로가 실수를 교정하기 전에 이미 다른 친구가 실수를 바로잡는다(Allington, 1980). 모든 학생이 배워야 하는 중요한 기능 중의 하나는 스스로를 점검하는 것이다. 즉, 뜻이 통하지 않을 때에는 글의 의미를 파악하는 데 집중하면서 스스로 바로잡아야 한다. 하지만 일반적으로 읽기 부진 아동은 이런 기회를 갖지 못하기 때문에 이와 같은 중요한 기능을 발달시키는 데 어려움을 겪게 된다.

6) 다른 의미 있는 활동에 쓰일 수 있는 시간을 낭비할 수 있다

음독은 묵독에 비해 훨씬 느리고 시간이 많이 걸리기 때문에 학생이 한 학년 동안 읽을 수 있는 단어의 수를 상당히 줄어들게 한다(Stanovich, 1986). 속도가 느린 것에 덧붙여, 어디를 읽어야 하는지 모르는 학생에게 읽어야 할 부분을 알려주는 등의 추가적인 시간으로 상당량의 시간이 비효율적으로 사용된다.

7) 학생에게 불안감과 당혹감을 불러일으킬 수 있다

이 책의 '초판 서문'에서 어느 교사가 언급했듯이, 아무런 연습 없이 다른 친구 앞에서 소리 내어 읽는 것은 학생에게 불안감과 당혹감을 불러일으킬 수 있다. 학생은 '창피를 면하는 것'에 너무나 집중한 나머지 읽기의 실제적인 목적인 의미 파악을 잊어버리곤 한다. 이러한 사정은 동료 아들의 말에 잘 나타나 있다. "있잖아요, 엄마, 매트는 소리 내어 읽어야 할 때마다 항상 울어요. 선생님은 왜 그런 걸 시키시죠?"

8) 듣기 이해력을 저하시킬 수 있다

대체로 학생은 돌려 읽기 활동에서 친구가 소리 내어 읽는 것을 따라가는 것보다 앞서 나간다. 왜냐하면 소리 내어 읽는 것을 따라가는 것이 지루할 수도 있고 자기 차례가 오기 전에 미리 연습하려고 하기 때문이다. 간략히 말해서, 그들은 산만해진다. 듣기는 매우 중요한 기능이다. 몇몇 연구에 따르면, 듣기 이해와 읽기 이해는 서로 관련 있으며, 듣기 이해를 잘하지 못하는 학생은 읽기 이해도 잘하지 못한다고 한다(이 연구들에 대해서는 Daneman, 1991 참조). 슬론과 로섬(Sloan & Lotham, 1981)이 언급한 바처럼, "이 전략은 듣기와 의미 구성의 측면에서 재앙과도 같다"(p. 135).

확실히 음독은 유익하지만 돌려 읽기는 그렇지 못하다. 이것은 읽기 능력을 촉진하기보다는 저해한다. 새비지(Savage, 1998)는 "돌려 읽기는 음독의 목적을 충족시키는 데 실패했다"(p. 330)라고 언급했다. 그러나 다행스럽게도 훌륭한 대안들이 있다. [표 1-1]은 그 대안들인 효과적인 음독 전략과 함께 학생들이 발전시켜야 할 구체적인 읽기 기능과 읽기 전략을 제시하고 있다. 다만 이러한 전략을 검토할 때 다음 세 가지를 기억해야 한다.

(1) 무엇보다도 학생은 묵독할 수 있는 기회를 가져야 한다. 묵독을 잘해야 읽기에 몰입할 수 있다. 작은 모둠으로 하는 음독보다 묵독이 학생의 읽기 성취에 더 적극적으로 관련되어 있다(Allington, 1984). 묵독이 훨씬 빠르다는 점을 감안하면 이것은 전혀 놀랄 일이 아니다. 묵독할 때 눈을 더 빨리 움직일 수 있고 그만큼 더 많은 정보를 받아들일 수 있다. 그러므로 묵독은 연관된 글을 더 많이 읽게 하고, 이것은 의미 있는 연습이 될 것이다.

(2) 교실에서 음독을 해야 하는 경우도 있다. 이럴 경우에도 음독은 구체적이고 실제적인 목적, 즉 학생의 이해력을 발달시키고, 정보를 공유하고, 학생이 글을 읽으면서 사용하는 전략이 무엇인지를 확인하고, 읽기 부진 아동의 읽기 유창성을 길러주기 위하여 수행되어야 한다. 음독은 목적을 위한 수단이어야 하지 목적이 되어서는 안 된다.

(3) [표 1-1]은 음독 전략이 아동의 읽기 능력을 발달시키는 데 도움을 주는 많은 기능을 보여주려는 것이다. 이것은 개괄적인 소개일 뿐 '반복 연습으로 습득해야 하는' 개별적 기능의 구체적인 목록화는 아니다.

2장

이해력 발달

이해력 발달을 위한 효과적인 음독 전략—사고 구술, 이미지 유도, 답을 찾으며 읽기 등—을 통하여 읽기 기능(전략)—읽기 흥미, 읽기 이해, 듣기 이해, 배경지식 활용 등—이 신장되어 능숙한 독자가 될 수 있다.

독서의 핵심은 글을 읽고 이해하는 것인데 그것은 복잡한 과정을 수반한다. 이해를 잘하는 사람이란 글을 읽을 때 다양한 전략을 사용함으로써 이러한 복잡한 과정에 대한 이해력을 보여주는 사람이다. 이러한 전략에는 정보의 중요성 판단하기, 스스로 질문하기, 요약하기, 추론하기, 예측하기, 해석하기, 시각화하기 등이 포함된다(Dole, Duffy, Roehler, & Pearson, 1991; El-Dinary, Gaskins, Schuder, Bergman, Almasi, & Brown, 1992; Long, Winograd, & Bridge, 1989). 종종 학생들에게 이러한 이해 전략을 사용하는 방법뿐만 아니라 문장부호, 이탤릭체, 굵은 글씨체 등과 같은 인쇄 기호가 작가의 의도된 메시지를 전달하는 데 어떻게 사용되는지에 대해 가르쳐야 한다.

그런데 이 전략들을 가르치는 데 음독을 사용할 수 있다. 예를 들어, '사고 구술(Think-Aloud)'을 사용할 때, 우리는 능숙한 독자가 글을 확실히 이해하고 있는가를 확인하기 위하여 어떻게 때때로 읽기를 멈추고 읽고 있는 글에 대해 질문을 하는지 학생들에게 보여줄 수 있다. '사고 구술'은 독자들에게 배경지식이 글을 이해하는 데 도움을 준다는 것도 보여줄 수 있다. 또한 '문장부호 생각하며 읽기(Look for the Signals)'는 학생에게 서로 상이한 문장부호가 글을 읽는 방법, 즉 중요한 것이 무엇이고, 어디서 쉬어야 하고, 어디에서 멈추어야 하는지에 영향을 미침을 보여줌으로써 작가의 의도된 의미를 이해할 수 있도록 한다. 궁극적으로 학생은 글에서 의미를 끌어내기 위해 자신의 관련 경험뿐만

[표 2-1] 이해력 발달을 위한 효과적인 음독 전략과 읽기 기능

읽기 기능/전략	효과적인 음독 전략						
	사고 구술	이미지 유도	안내된 듣기 사고 활동	문장부호 생각하며 읽기	등장인물처럼 말하기	신속한 정보 탐색 읽기	답을 찾으며 읽기
긍정적 태도/읽기 흥미	○	○	○	○	○	○	○
읽기 이해	○	○		○	○	○	○
듣기 이해	○	○	○				
어휘	○		○	○	○	○	
언어 신호 활용				○	○	○	○
예상하기	○	○	○	○			
이미지 만들기	○	○	○				
배경지식 활용	○	○		○		○	○
점검하기	○					○	
추론하기	○	○	○	○	○		○
표현성(유창성)				○	○	○	○
띄어 읽기(유창성)				○	○	○	○
훑어 읽기				○		○	○

아니라 '표층'(독자들이 실제로 눈으로 볼 수 있는 것)과 '심층'(등장인물이나 플롯 등에 의해 전달되는 작가의 의도된 메시지) 모두에 주의를 기울일 필요가 있음을 알아야 한다. [표 2-1]에 나타나 있듯이, 여기에 소개한 음독 전략은 이해력을 발달시킬 뿐만 아니라, 띄어 읽기, 훑어 읽기 등 능숙한 독자가 되는 데 필요한 여러 자질도 발달시킨다.

1. 사고 구술

1) 학년 수준: 유치원~5학년

2) 개관

많은 연구에 따르면, 글을 이해하는 데 어려움을 겪는 학생은 종종 독서의 목적이 메시지를 이해하는 것이라는 사실을 인식하지 못함을 드러냈다(Johns, 1984, 1986; Opitz, 1989). '사고 구술(Think-Aloud)'은 학생에게 독서의 목적이 이해력이라는 점과 다양한 읽기 전략을 사용하면 의미를 파악하는 데 발생하는 문제를 극복할 수 있다는 점을 인식시키는 가장 좋은 방법 중의 하나다. 교사는 '사고 구술' 시간에 소리 내어 읽는 동안 자신이 생각한 것을 말로 나타낼 수 있는데, 이는 학생에게 능숙한 독자가 글을 이해하기 위하여 실제적으로 무엇을 하는지를 보여준다. 데이비(Davey, 1983)는 능숙하지 못한 독자가 결여하고 있는 다섯 가지의 읽기 전략으로 예측하기, 시각화하기, 배경지식 활용하기, 점검하기, 글을 읽는 동안 발생한 문제 해결하기를 언급했다. 교사로서 여러분은 '사고 구술' 시간에 이러한 읽기 전략을 강조할 수 있다. 다음은 데이비(1983)가 제안한 수업 절차이다.

3) 수업 절차

(1) 소리 내어 읽을 글을 선택한다. 선택한 글은 의미가 모호하거나 수준 높은 단어가 포함되어 있어 이해하는 데 어려움을 유발하는 지점들을 가지고 있어야 한다.

(2) 글을 소리 내어 읽으면서 학생에게 따라 읽도록 한다. 이해하기 어려운 부분이 나왔을 때, 거기에서 멈춘 다음에 머릿속에서 생각나는 것을 말로 나타내어 학생이 들을 수 있도록 한다.

(3) 글을 소리 내어 완전히 다 읽은 다음에는 여러분의 생각에 학생의 생각을 덧붙이도록 한다.

(4) 학생을 짝지어 이 과정을 서로 연습하게 한다. 각각 번갈아 가면서 글을 읽고 서로에게 반응하게 할 수도 있다.

(5) 학생이 묵독으로 글을 읽을 때에도 그 과정을 사용하도록 한다. 아래의 [그림 2-1]을 활용하여 글을 이해하기 위해서 무엇을 해야 하는지, 스스로를 평가하기 위해서 무엇을 해야 하는지를 점검할 수 있다.

4) 교사의 목소리

마이클 선생은 4학년 학생에게 '사고 구술'의 절차를 보여주기 위하여 이글 워킹 터틀(Eagle Walking Turtle)의 『보름달 이야기: 미국 원주민의 13가지 전설(Full Moon Stories: Thirteen Native American Legends)』(1997)[1]을 선택하였다. 반 학생들이 몇 편의 전설을 읽어본 경험이 있기 때문에, 마이클 선생은 '사고 구술'의 시연이 학생들이 배운 것을 실제의 독서 경험에 적용하도록 하

---

1 '교사의 목소리'에 소개되는 원서 대신 한국에서는 한국어 책을 활용할 수도 있을 것이다. 예를 들면, 여기서는 『보름달 이야기: 미국 원주민의 13가지 전설(Full Moon Stories: Thirteen Native American Legends)』 대신에 서정오의 『우리 신화로 만나는 처음 세상 이야기』(토토북, 2012)를 사용할 수도 있을 것이다. 이후에 나오는 다른 음독 전략의 '교사의 목소리'에서도 원서 대신 우리말로 된 다른 책을 사용할 수 있다.

[**그림 2-1**] 나는 글을 읽으면서 무엇을 했나?

나는 글을 읽으면서 무엇을 했나?

이름 _____ 날짜 _____

제목 _____

	전혀 아님	때때로 그러함	항상 그러함
1. 예측하면서 글을 읽었다.	_____	_____	_____
2. 마음속으로 그림을 그리면서 글을 읽었다.	_____	_____	_____
3. 연관성을 찾으면서 글을 읽었다.	_____	_____	_____
4. 글이 이해되지 않은 이유가 무엇인지 알았다.	_____	_____	_____
5. 문제를 해결하기 위해 조치를 취했다.	_____	_____	_____

는 데 도움을 줄 것이라고 생각했다. 그는 책 표지를 보면서 다음과 같이 말했다. "제목만 보더라도 책 내용이 전설에 관한 것이라는 것을 알 수 있어요. 또한 제목에서 저자는 이 책에서 13가지의 전설을 소개할 것이라는 것도 말해주고 있지요. 나는 이미 전설이 무엇인지에 대해 알고 있어요. 전설은 옛날 사람들의 믿음이나 전통에 대한 이야기예요. 그리고 이 책은 미국 원주민의 믿음이나 전통에 관한 이야기라는 것을 알 수 있지요."

설명을 끝낸 다음, 마이클 선생은 '사고 구술'을 시연하기 위하여 학생들에게 첫 번째 전설인 『까치(The Magpie)』의 복사본을 나누어 주었다. 그러고 나서 마이클 선생은 큰소리로 책을 읽기 시작하였다. 그는 첫 두 문단을 읽은 후 읽기를 멈추고 학생에게 다음과 같이 말했다. "나는 지금 이 이야기에 나오는 집의 모습을 떠올리고 있어요. 이 집은 통나무로 만들어졌고 안에는 장작 난로도 있어요." 그는 다음 문단을 읽은 후 다시 읽기를 멈추고 말했다. "이 내용을 보니 사촌이 나한테 이야기를 들려주던 일이 생각나네요. 그때 우리는 마룻바닥에 앉는 대신에 침대에 앉아 있었지요." 그는 다음 문단을 읽고 다시 읽기를 멈추고 말했다. "우와! 천둥 혼령이 사람들은 구제받을 가치가 없다고 생각한다는 것이 놀랍군요. 나는 사람들이 그렇게 믿을 것이라고 예상했지만요." 그는 계속해서 책을 읽다가 '경탄하다(astonish)'라는 단어에서 멈추었다. "경탄하다, 음, 무슨 뜻인지 궁금하군요. 난 처음 보는 단어예요. 문장을 다시 읽으면서 문맥으로 단어 뜻을 추측해야겠군요."

이 사례를 자세히 살펴보면 마이클 선생은 이해력이 떨어지는 학생이 배워야 하는 몇 가지의 읽기 전략에 초점을 맞추고 있다. 우선, 첫 번째 언급 내용은 능숙한 독자가 어떻게 글의 내용을 '예측하는지'를 보여준다. 두 번째 언급 내용은 독자가 새로운 정보를 이해하기 위하여 어떻게 '배경지식을 활용하는지'를 보여준다. 세 번째 언급 내용은 좋은 독자는 글을 읽으면서 마음속으로 '그림을 그린다'는 점을 보여주고, 네 번째 언급 내용은 다시 한 번 새로운 정보를 이해하기 위하여 어떻게 '배경지식을 활용하는지'를 보여준다. 마지막 언급 내용은 자신의 이해력을 어떻게 '점검하는지', 그리고 내용 이해를 방해하는 문제를 어떻게 '해결하는지'를 보여준다.

5) 확장·조언·연계

○ 마이클 선생은 '사고 구술'을 통하여 여러 읽기 전략을 활용하는 과정을 보여주었지만 '사고 구술' 시간에 이와 같은 전략 모두를 보여줄 필요는 없다. 오히려 한두 가지의 읽기 전략에 초점을 맞추어서 학생이 글을 읽으면서 해당 읽기 전략을 사용할 수 있도록 하는 것이 바람직하다.

○ 역 사고 구술(Reverse Think-Alouds—Block, 1997)은 또 다른 전략인데, 이것은 글을 읽을 때 사용한 특정 읽기 전략을 학생이 자신의 것으로 만들었는지를 확인할 수 있게 한다. 역 사고 구술 과정에서 학생은 교사의 사고 구술을 듣기보다는 교사가 글을 읽을 때 생각한 것에 대하여 질문을 한다. 교사는 학생에게 자신이 소리 내어 읽고 있는 동안에 묵독으로 따라오도록 한다. 그러다가 글을 읽는 어느 순간에 자신을 멈추게 하여 무슨 생각을 하고 있었는지를 질문하도록 학생에게 요구한다. 질문은 교사가 해당 단어의 뜻을 어떻게 파악하고 있는지, 저자가 말하려고 하는 것을 어떻게 분명하게 말할 수 있는지, 혹은 읽고 있는 부분을 어떻게 요약할 수 있는지에 대한 것일 수 있다. 학생이 제기한 질문을 통하여 교사는 학생이 어떤 전략에 집중하고 있는지, 더 발전시켜야 하는 전략이 무엇인지를 알 수 있다.

2. 이미지 유도

1) 학년 수준: 1~8학년

2) 개관

글을 읽으면서 마음속으로 이미지를 그리는 것은 효과적인 읽기 전략이다. 독자가 이미지를 만들어 글의 내용을 이해하고 기억하게 되면 독해력이 향상된다(Gambrell & Jawitz, 1993). 독자가 이미지를 형성하면 읽은 내용을 더 잘 기억하게 될 뿐만 아니라 추론 능력과 예측 능력도 신장된다. '이미지 유도(Induced Imagery)'는 학생에게 마음속으로 이미지를 만드는 방법을 가르치는 것이다. 먼저 교사는 학생들에게 이미지를 만드는 방법을 보여주고, 그런 다음에 학생들이 이미지를 만들도록 이끌며, 마지막에는 학생 스스로 이미지를 만들 수 있는 기회를 제공한다. 다음은 갬브렐·캐피너스·윌슨(Gambrell, Kapinus, & Wilson, 1987)이 제안한 수업 절차이다.

3) 수업 절차

(1) 소리 내어 읽을 단락 하나를 선택한다. 단락은 학생들이 마음속으로 이미지를 잘 만들 수 있도록 묘사가 많아야 하며, 약 100단어 정도로 되어 있는 것이 좋다. 그리고 이 단락을 실물화상기나 커다란 차트로 모두가 볼 수 있도록 한다.

(2) 교사는 학생에게 이미지를 만드는 전체 과정에 대한 시범을 보인다. 특히, '무엇(What)'을 만드는지, 이미지를 만드는 것이 '왜(why)' 중요한지, 실제로 '어떻게(how)' 만드는지에 초점을 두면서 시범을 보인다.

(3) 학생들의 연습을 돕는다. 먼저, 준비된 다른 단락의 첫 부분을 읽는다. 그 첫 부분을 소리 내어 읽은 다음 학생들에게 교사가 마음속으로 형

성한 이미지를 말해준다. 그런 다음 학생들에게 자신이 형성한 이미지를 말하도록 한다. 그리고 그들이 떠올린 이미지들 간에 어떤 공통점과 차이점이 있는지 이야기하도록 한다.

(4) 둘씩 짝을 짓거나 모둠을 형성하게 한 다음, 한 구성원에게 어떤 단락을 묵독하도록 내어준다. 해당 학생에게 준비할 시간을 준 후, 모둠의 다른 구성원에게 그 단락을 소리 내어 읽어주고, 마음속에 떠올랐던 이미지를 모둠의 구성원에게 말하게 한다. 모둠원의 다른 구성원들에게도 자신이 형성한 이미지에 대해 이야기하도록 하고, 특히 그러한 이미지를 만들게 된 이유를 설명하도록 한다.

(5) 학생들에게 그들 자신이 직접 고른 책을 읽으면서 각자 마음속에 이미지를 떠올려볼 수 있는 시간을 준다. 떠올린 이미지 가운데 하나를 선택하여 그림으로 표현하도록 한다. 이것은 다른 학생들과 공유될 수 있으며, 학생이 마음속으로 이미지를 얼마나 잘 그리는지를 평가하기 위한 수행평가로도 활용될 수 있다.

4) 교사의 목소리

코니 선생이 가르치는 5학년 학생들은 『헨쇼 선생님께(Dear Mr. Henshaw)』(Cleary, 1983)를 읽고 있었다. 그녀는 이 이야기가 묘사를 많이 포함하고 있어서 마음속으로 이미지를 그리는 방법을 가르치는 데 유용할 것이라고 생각했다. 또한 학생이 마음속으로 이미지를 그리는 이 전략을 실제 텍스트에 어떻게 적용하는지를 알고 싶기도 했다. 그래서 그녀는 다음과 같이 말했다.

오늘 나는 여러분에게 읽은 것을 잘 기억하도록 하는 읽기 전략을 알려줄 거예요. 이것은 '마음속으로 이미지를 그리는 전략'이라 불리는데, 책 속의 인물이 어떻게 생겼는지, 사건이 어떻게 진행되는지를 마음속 그림으로 나타내는 과정이에요. 이 과정을 통해 우리는 읽은 것을 보다 잘 이해할 수 있어요. 우선 나는 내가 그 것을 어떻게 하는지 여러분에게 보여주고, 그런 다음 여러분에게 이를 연습하도록 시킬 거예요. 내가 이 단락을 읽으면서 내용을 이해하고 기억하기 위해 어떻게 마음속으로 이미지를 그리는지 여러분에게 말할 거예요.

그녀는 실물화상기에 나타난 『헨쇼 선생님께』의 내용 중 첫 번째 편지의 첫 문단을 읽어나갔다. 첫 단락을 모두 읽고 나서 그녀는 다음과 같이 말했다.

이 글은 편지글이에요. 나는 이 단락을 읽으면서 식탁에 앉아 편지를 쓰는 한 소년을 상상할 수 있어요. 나는 편지를 쓸 때 보통 부엌 식탁에 앉아서 쓰거든요. 나는 또한 소년이 연필을 쥐고 공책에 글을 쓰고 있다는 것을 알 수 있어요. 소년 은 헨쇼 씨에게 자신이 읽은 책에 대해서 말하고 있어요. 소년은 나에게 책의 크기 에 대한 좋은 실마리를 주네요. 소년은 책이 여러 장으로 되어 있어 두껍다고 말해 요. 나는 그 책을 상상할 수 있어요. 이 장면은 내가 처음 읽은 두꺼운 책을 생각나 게 해요. 나는 소년이 그 책을 완독하여 행복해하고 성취감을 느낀다는 것을 알 수 있어요. 그 기분은 내가 두꺼운 책을 읽었을 때의 기분과 같을 거예요. 내 마음속 그림에서는 소년이 혼자 식탁에 앉아 있어요. 소년은 어쩐지 외로움을 느끼고 있 는 것 같아요. 아마 홀로 편지를 쓰고 있어서 그렇게 느껴지는 것 같아요.

그녀는 편지의 두 번째 문단을 읽은 후, 학생들에게 마음속에 떠오르는 이 미지를 말하도록 하였다. 그리고 어떻게 그러한 이미지를 떠올렸는지에 대해 설명하도록 하였다. 마지막으로, 그녀는 학생을 둘씩 짝지어 마음속으로 이미 지를 그리는 연습을 하도록 하였다. 한 학생에게는 3쪽에 있는 편지를, 다른 학 생에게는 4쪽에 있는 편지를 읽도록 하였다. 각자 편지를 조용히 읽은 다음에 짝에게 소리 내어 읽어주고, 자신이 만든 이미지와 그 이미지를 만든 이유에 대해 이야기를 나누도록 하였다.

그녀는 다음과 같이 말하면서 수업을 마쳤다. "마음속으로 이미지를 그리는 것은 읽은 것을 이해하고 기억하는 데 도움을 줍니다. 어떤 책을 읽든지 이 방법을 활용할 수 있습니다. 오늘은 이 방법을 한 편의 이야기에 적용해 보았습니다. 다음에는 다른 종류의 책에 적용해 볼 것입니다."

5) 확장·조언·연계

제인 파울러와 스테파니 뉴론(Jane Fowler & Stephanie Newlon, 1995)은 학생들이 이야기의 해당 대목을 '자세히 볼' 수 있도록 하기 위하여 종이 카메라를 사용할 것을 제안하고 있다. 그들은 학생들에게 앞면에 카메라가 그려져 있는 종이를 주고, 그 뒷면에 인물, 배경, 사건과 같은 이야기의 구성 요소 중에서 하나를 선택하여 그림을 그리도록 하였다. 그런 다음 학생들이 종이 카메라 각각에 실을 꿰매 목에 걸고는 자신의 그림에 대해 친구들과 이야기하도록 하였다.

3. 안내된 듣기 사고 활동

1) 학년 수준: 유치원~8학년

2) 개관

1장에서 언급했듯이, 확장된 듣기 어휘는 글에서 만나는 단어들에 대한 소리와 의미를 독자들에게 제공함으로써 읽기 능력을 향상시킨다. 실제로 귀에 익숙한 단어를 읽는 것이 귀에 익숙하지 않은 단어를 읽는 것보다 훨씬 쉽다. 또한 듣기는 독자에게 글로 쓰인 언어가 어떻게 소리 나는지를 알려줌으로써 읽기에 도움을 준다. '안내된 듣기 사고 활동(Directed Listening Thinking Activity: DLTA)'은 아동을 독립적인 독자로 성장시키기 위하여 교사가 사용할 수 있는 하나의 방법이다. 교사는 이 전략을 사용하여 책을 소리 내어 읽어줄 뿐만 아니라, 적절한 부분에서 멈춰 학생이 토론에 계속적으로 참여하도록 만든다. 다음은 질렛과 템플(Gillet & Temple, 1994)이 제안한 수업 절차이다.

3) 수업 절차

(1) 학생들에게 읽힐 책을 미리 검토한다.

(2) 책이 다루고 있는 주제와 이 주제에 대한 학생의 지식을 토론함으로써 책과 학생의 삶을 연결시킨다. 또한 학생들에게 책의 제목을 토대로 책의 내용을 예측하게 한다.

(3) 학생들에게 책을 소리 내어 읽어준다. 그러다가 정해 놓은 지점에서 멈춰 예측한 것을 확인하거나 바꾸고, 새로운 질문을 하고, 다음 내용을 예측한다.

(4) 또다시 적절한 지점에서 멈춘 후에, 확인하고, 토론하고, 질문하고, 새로운 예측을 하도록 한다.

(5) 책을 모두 읽은 후, 학생들에게 책의 내용을 요약하게 한다. 그리고 학생들에게 다음번에 이 책을 읽을 때 사용할 수 있는 질문을 만들게 한다.

4) 교사의 목소리

쇼나 선생은 2학년 학생에게 '안내된 듣기 사고 활동'을 적용하기 위하여 엘리자베스 오도넬(Elizabeth O'Donnell)의 『매기는 이사를 원치 않아요(Maggie Doesn't Want To Move)』(1987)를 선택하였다. 쇼나 선생은 명시적으로 언급되지 않은 등장인물의 특징을 파악하기 위한 높은 수준의 이해력을 사용할 기회를 학생에게 주고자 이 책을 선택하였다. 학생은 '행간의 의미를 읽어야' 하는 것이다. 그녀는 다음과 같이 말했다.

모두 눈을 감고 이번 학년의 첫 수업이 어떠했는지 떠올려 보세요. 그때 기분이 어떠했나요. 처음 교실에 들어올 때의 두려움을 떠올려 보세요.

그녀는 학생들에게 각자의 느낌을 말하도록 한 후에 말을 이었다.

오늘은 여러분에게 『매기는 이사를 원치 않아요』를 읽어줄 거예요. 우리는 이 책을 처음 읽기 때문에, 나는 여러 번 읽는 중간에 멈춰서 여러분에게 내용을 어떻게 예측하는지 물어 볼게요. 또한 매기와 더불어 그녀의 오빠인 사이먼에 대해서도 물어 볼게요.

쇼나 선생은 이야기를 소리 내어 읽다가 4쪽에서 멈춘 후 학생들에게 질문했다. "지금까지 매기에 대해 무엇을 알 수 있나요? 매기가 이사하는 것을 얼마나 걱정하고 있나요?" 그녀는 다시 7쪽까지 읽고 질문했다. "사이먼은 이사를 원하나요? 다음에 무슨 일이 일어날 것 같은가요?" 그녀는 27쪽까지 읽고 나서 다시 질문했다. "이 이야기가 어떻게 끝날 것 같나요?"

이야기가 끝났을 때, 학생들은 자신들이 예측한 것이 맞는지 확인해 보았다. 쇼나 선생은 활동을 마무리하면서, 학생들에게 매기와 사이먼 중 누가 이사를 원하지 않았는지 토론하게 하고, 그렇게 생각한 이유를 말하도록 하였다. 그런 다음 그녀는 학생들에게 이사할 때 발생하는 두려움을 극복하는 방법을 제안하도록 하였다. 그리고 다음과 같이 언급하면서 '안내된 듣기 사고 활동'을 마쳤다.

작가는 등장인물의 성격을 직접 말해주기보다는 등장인물의 생각과 대사를 통하여 간접적으로 보여줍니다. 우리는 등장인물의 성격을 파악하기 위하여 이와 같은 정보를 활용할 필요가 있습니다. 또한 등장인물이 그렇게 생각하고 행동한 이유를 알아야 합니다. 우리는 '행간의 의미를 읽어야' 합니다.

5) 확장·조언·연계

○ '안내된 듣기 사고 활동'은 내용 영역(content area) 읽기에 어려움을 겪는 학생들을 돕기 위하여 사용될 수 있다. 학생들은 단원 마지막에 제시되어 있는 질문을 미리 보고, 교사가 소리 내어 읽어주는 단원을 듣는다. 학생들은 매 단원 끝에서 질문을 살펴보고 어떤 질문에 답할 수 있는지 생각해 본다.

○ 질렛과 템플(Gillet & Temple, 1994)은 '안내된 듣기 사고 활동'을 이야기에 대한 학생의 이해를 평가하는 데 사용할 것을 제안했다. 그들은 학생에게 이야기의 한 부분을 들려주고 예측하게 한 다음, 어떤 학생이 이야기를 잘 이해하고 있는지를 판단하기 위하여 다음과 같은 질문을 사용할 것을 제안했다.

- 학생은 예측을 하였는가?
- 그렇다면 그 예측은 터무니없고 무작위적인가? 실생활에서 일어날 수 있는 것을 근거로 했는가? 이야기의 논리성을 근거로 했는가?
- 학생은 예측한 근거를 말할 수 있는가?

4. 문장부호 생각하며 읽기

1) 학년 수준: 1~5학년

2) 개관

'문장부호'는 작가가 전달하려고 하는 의미를 보다 잘 이해하도록 돕는다. 예를 들어, 쉼표는 특정한 의미를 전달하기 위하여 의도적으로 쉬어갈 것을 요구하는 문장부호이다([표 2-2] 참조). 이와 같은 절차를 사용하여, 교사는 텍스트에서 특정 문장을 고른 뒤 마침표, 물음표, 느낌표, 굵은 글씨체, 밑줄, 이탤릭체 등과 같은 문장부호 또는 이 부호의 조합이 글의 의미에 어떻게 영향을 주는지를 학생들에게 보여줄 수 있다.

3) 수업 절차

(1) 학생이 읽고 있거나 앞으로 읽을 책에서 그들이 주목할 필요가 있는 문장부호가 들어 있는 몇 개의 문장을 선택한다. [표 2-2]는 몇 가지의 문장부호와 그 쓰임을 보여주고 있다.

(2) 학생이 주목해야 하는 문장부호가 들어 있는 문장이 포함된 단락을 실물화상기나 차트지를 사용하여 보여준다. '큰 책'을 이용하여 특별한 문장부호 사례를 보여줄 수도 있다.

(3) 학생에게 문장을 두 번 읽어줄 테니 어떤 목소리로 읽어줄 때 등장인물 또는 사건을 더 잘 이해할 수 있게 되는지 생각해 보라고 한다. 우

[표 2-2] 문장부호와 그 용도

문장부호	용도	예시
쉼표	잠시 멈춤. 쉼표의 위치가 의미에 영향을 줌.	Bill, my son is as big as you. (빌, 내 아들은 당신만큼 큽니다.) Bill, my son, is as big as you. (빌은, 내 아들인데, 당신만큼 큽니다.)
마침표	다소 긴 멈춤.	하늘은 신비스러워 보였다.
물음표	문장 끝에서 억양을 높임.	너 정말로 그러니?
느낌표	감정을 드러냄.	정말 놀라운데!
밑줄, 큰 글씨체, 굵은 글씨체	특별히 강조함.	이것이 내가 믿는 것이다. <u>이것이</u> 내가 믿는 것이다.
(문장부호의) 조합	의미를 강조함.	선생님은 "나는 놀라서 <u>**너무나**</u> 소름이 끼쳤어"라고 말씀하셨다.

선, 단조로운 목소리로 문장을 읽는다. 그런 다음, 문장부호에 주의하면서 목소리의 크기를 달리하면서 문장을 읽는다. 학생에게 어떤 차이가 있는지, 어떤 목소리로 읽었을 때 더 흥미로운지, 글자 크기를 조절하거나 때때로 멈추는 것이 작가가 전달하려는 의미를 이해하는 데 도움이 되는지를 물어본다. 마지막으로, 어떻게 문장부호가 작가의 의도를 더욱 잘 전달하는 데 도움이 되는지를 설명해 준다.

(4) 학생에게 문장부호에 주의하면서 문장을 소리 내지 않고 읽도록 한다.

(5) 글을 묵독으로 읽은 다음, 한 문장 이상을 소리 내어 읽도록 한다. 그리고 문장부호가 의미하는 것이 무엇인지, 어떻게 읽어야 하는지 발표하도록 한다.

4) 교사의 목소리

팻 선생은 작가가 의미를 전달하기 위하여 문장부호를 어떻게 사용하는지 2학년 학생들에게 가르치는 데 『아이쿠!(Oops!)』(McNaughton, 1997)라는 책을 활용했다. 그녀는 책 속의 작은 글자는 부드러운 목소리로, 큰 글자일수록 큰 목소리로 읽어주었다. 책을 다 읽은 후, 그녀는 해당 페이지로 돌아와서 쓰여 있는 글자가 얼마나 큰지 또는 작은지를 보여주었다. 그녀는 학생에게 글자의 크기에 따라 읽는 소리를 다르게 했다고 설명했다. 또한 목소리를 다르게 하면 작가가 전달하려고 하는 것을 더 잘 이해할 수 있다고 말했다. 그런 다음 그녀는 책을 다시 읽고 나서 학생에게 그녀가 가리키는 큰 글자를 읽어 보도록 했다. 그녀는 다음의 말로 수업을 마무리했다. "책을 읽을 때에는 글자가 어떻게 쓰여 있는지에 주의하면서 읽어야 해요. 큰 글자로 쓰여 있다면 작가는 여러분이 큰 소리로 읽고 등장인물의 말이나 일어난 사건에 대해 올바로 생각하기를 바란다는 뜻이에요."

학생들로 하여금 다양한 문장부호의 예시를 찾은 뒤 그 문장부호가 있는 페이지에 책갈피로 표시하게 하고, 전체 토론 때 이 예들을 동료와 공유할 수 있게 한다. [표 2-2]에 문장부호의 예시를 추가하거나 새로운 표를 만들어 교실에 전시한다. 학생이 만든 표는 필요할 때 사용할 수 있는 의미 있는 참고 자료가 될 것이다.

5. 등장인물처럼 말하기

1) 학년 수준: 1~8학년

2) 개관

종종 학생들은 작가가 전달하려는 의미를 잘못 해석하거나 놓치기도 한다. 왜냐하면 학생들은 글을 소리 내지 않고 읽을 때에도 소리 내어 읽을 때처럼 단조로운 방식으로 읽기 때문이다. 학생들은 '메시지를 이해하겠다'는 생각보다는 '암호를 해독하겠다'는 생각으로 글을 읽는 듯하다. 이로 인해 줄거리가 전개되거나 등장인물이 행동하는 것을 이해하는 데 어려움을 겪는다. 이러한 학생이 꼭 배워야 하는 것은 작가는 때때로 감정을 묘사하는 대화나 단어(예컨대, "제프는 아버지에게 애원하였다…")를 사용하여 독자에게 작품을 이해하는 데 필요한 명시적인 도움을 제공한다는 사실이다. 그러나 작가가 명시적인 도움을 제공하지 않을 때, 독자는 등장인물이 어떻게 말하고 어떻게 느끼는지 추론해야 한다. 이와 관련하여, '등장인물처럼 말하기(Say It Like the Character)'는 학생들에게 등장인물의 억양과 감정을 추론하는 방법을 배울 기회를 제공한다. 이것은 학생들로 하여금 작가의 의도를 더욱 잘 이해할 수 있도록 할 뿐만 아니라, 작품을 다른 사람에게 소리 내어 읽어줄 때 작가의 의도를 더욱 잘 전달할 수 있도록 한다. 이 활동에서 학생들은 등장인물이 특정한 의미를 전달하기 위하여 실제로 말할 것 같은 방식으로 작품을 읽게 된다.

3) 수업 절차

(1) 학생들에게 주어진 작품을 묵독으로 읽도록 한다.

(2) 해당 구절을 찾아 등장인물이 말할 것 같은 방식으로 그 구절을 묵독으로 다시 읽도록 한다.

(3) 등장인물이 실제로 어떻게 말할 것 같은지, 실제로 어떤 감정을 느낄 것 같은지 주목하면서 해당 구절을 소리 내어 읽도록 한다.

(4) 그런 다음 "읽는 동안 어떤 감정을 전달하려고 했나요?", "무엇이 여러분에게 그렇게 읽도록 했나요?"와 같은 질문을 한다. 이 질문은 학생들의 경험과 등장인물의 경험을 연결할 기회를 제공한다. 예를 들어, 학생들은 『굶주린 괴물(The Hungry Monster)』(Root, 1997)을 읽으면서 자신들도 화가 날 때 목소리를 높인다고 말할지도 모른다. 왜냐하면 학생들은 괴물이 화가 날 때에는 자신들처럼 소리를 질러 화를 표시할 것이라는 점을 알고 있기 때문이다. 또한 학생들은 큰 활자체나 이탤릭체와 같은 것을 언급하면서, 이는 자신들에게 어떤 목소리를 내야 하는지를 알려주는 시각적인 표시라고 말할지도 모른다.

4) 교사의 목소리

칼 선생이 가르치는 2학년 학생들은 로버트 먼치(Robert Munsch)의 책을 좋아한다. 그래서 칼 선생은 학생들이 이야기를 잘 이해하고 즐길 수 있도록 하기 위해 등장인물이 실제로 말하는 것처럼 글을 읽는 방법을 가르치는 데 먼치의 『악어 아기(Alligator Baby)』(1997)를 선택했다. 먼저 칼 선생은 학생들에게 책을 묵독으로 읽는 데 필요한 시간을 주었다. 그리고 책의 특정 부분을 펼친 다음 등장인물이 실제로 말할 것 같은 방법으로 해당 부분을 읽을 지원자를 모집했다. 마지막에 칼 선생은 지원자에게 왜 그렇게 읽었는지에 대해 물었다. 다음은 두 지원자의 대답이다.

> 제 생각에 크리스틴은 부모님이 자신을 믿지 않았기 때문에 화가 난 것 같아요. 왜냐하면 이는 부모님께 사실을 말했는데 부모님이 절 믿지 않으실 때 제가 느낀 감정이거든요.

> 악어가 크리스틴의 엄마의 코를 물었을 때 상처가 났을 것이라고 확신해요. 저는 또 '소리 지르다'라는 단어도 보았어요. 이것은 제가 "아아아!"라고 소리친 이유예요.

칼 선생은 다음의 말로 수업을 마무리했다. "오늘 여러분은 이야기를 읽으면서 그림, 글자 모양, 문장부호에 주의를 기울였어요. 이것들은 모두 작가가 여러분들로 하여금 등장인물이 생각하고 느끼는 것을 잘 이해할 수 있게 하려고 만들어 놓은 것이지요. 여러분이 이것들을 잘 활용하면 글을 아주 잘 이해할 수 있어요."

5) 확장·조언·연계

○ 학생들이 감정을 실어 책을 읽는 방법에 대한 추가적인 연습이 필요하다면, 교사는 학생들에게 '행복했을 때, 슬펐을 때, 신났을 때, 화났을 때'와 같은 특정 감정을 생각해 보게 할 수 있다. 학생들에게 이러한 감정 중 하나를 선택하여 문장으로 표현해 보게 하라. 녹음기를 사용하면 학생들은 다양한 감정을 표현하기 위해서 사용한 자신의 여러 목소리를 들을 수 있다.

○ 메리 퍼슨(Mary Person, 1990)은 이 전략을 다른 방법으로 수행했다. 그녀는 어휘 카드에는 감정을 나타내는 어휘(예컨대, 두려움, 사랑, 흥분, 즐거움, 분노)를, 문장 카드에는 문장을 적었다. 그리고 학생들에게 한 장의 어휘 카드와 한 장의 문장 카드를 뽑게 한 후, 어휘 카드에 쓰인 감정으로 문장 카드의 문장을 읽도록 했다. 이때 학생들에게 익숙한 책에서 가져온 문장을 사용한다면 학생들은 이 활동과 읽기가 어떻게 관련되는지를 이해할 수 있게 된다.

6. 신속한 정보 탐색 읽기

1) 학년 수준: 3~8학년

2) 개관

훑어 읽기(skimming)는 특정한 정보를 찾으면서 글을 읽는 방법인데, 학생들에게 관련 있는 정보와 그렇지 않은 정보를 구분할 것을 요구한다. 훑어 읽기는 읽기 자료를 미리 보거나 검토할 때, 혹은 주장을 뒷받침하거나 확인하기 위하여 정보를 빨리 찾으려고 할 때 사용할 수 있는 중요한 읽기 전략이다. 또한 이것은 일상에서 글을 읽는 방법이기도 하다. 예를 들어, 사람들은 가장 흥미로운 기사를 찾기 위해 신문을 훑어 보고, 특정한 전화번호를 찾기 위해 전화번호부를 훑어 본다. '신속한 정보 탐색 읽기(Rapid Retrieval Information: RRI)'(Green, 1998)는 학생들에게 이러한 아주 중요한 읽기 전략을 학습할 수 있도록 돕는다. 이는 학생들에게 문제에 대한 답변을 하거나 자신의 생각을 밝히기 위해 텍스트의 정보를 소리 내어 다시 읽을 것을 요구한다. 우선, 학생들은 읽기 자료를 묵독으로 읽는다. 그런 다음, 교사가 제시한 과제를 해결하는 데 필요한 텍스트의 해당 부분을 다시 읽는다.

3) 수업 절차

(1) 학생들에게 읽을 자료와 그것을 묵독으로 읽을 시간을 준다.

(2) 일단 묵독이 끝나면 학생들에게 개별적으로 구체적인 과제를 낸다. 과제로는 등장인물이 어떤 대접을 받았는지를 보여주는 문장을 소리 내어 읽기, 해당 주장을 뒷받침하는 정보 확인하기, 특정한 용어를 정의하는 구절 찾기 등을 들 수 있다.

(3) 학생들에게 과제를 들려주고, 과제를 직접 다루고 있는 정보를 찾아서 적합한 부분을 다시 읽도록 한다.

(4) 학생들에게 정보를 찾으면 손을 들라고 한다. 그러면 한 명의 학생을 호명하여 해당 정보를 소리 내어 읽도록 시킨다.

4) 교사의 목소리

마릴린 선생이 가르치는 학생들은 '노예 제도'라는 대단원의 부분으로 『노예 시절: 내가 어렸을 때(Slavery Time: When I Was Chillun)』(Hurmence, 1997)를 읽고 있었다. 그녀는 학생들에게 특정 정보를 보다 효율적으로 훑어 읽는 법을 가르치고자 이 읽기 자료와 함께 '신속한 정보 탐색 읽기'를 사용하기로 했다. 먼저, 학생들에게 이 자료의 첫 번째 장을 묵독으로 읽을 시간을 주었다. 그런 다음, 특정 정보의 텍스트를 다시 읽도록 하였다. 그리고 다음과 같은 지시문을 사용하였다.

- 제임스 볼턴의 집을 묘사한 문장을 찾으시오.
- 제임스가 사는 집과 주인이 사는 집을 비교하시오. 여러분의 답을 뒷받침하는 문장을 찾아 읽을 준비를 하시오.
- 제임스는 자유롭게 사는 것이 좋다고 생각했나요, 아니면 노예로 사는 것이 좋다고 생각했나요? 답을 뒷받침하는 문장을 찾으시오.

마릴린 선생은 다음과 같은 말을 하며 수업을 마쳤다. "우리는 글을 읽을 때, 많은 경우 특정 정보를 찾으려고 하지요. 특정 정보가 읽기의 목적일 때 우리는 모든 단어를 읽지는 않아요. 대신에 우리에게 필요한 정보가 들어 있는 부분을 찾아 읽지요."

5) 확장·조언·연계

○ 이 활동을 처음 시도한다면, 학생들이 이 활동과 관련된 절차를 배우는 데 집중할 수 있도록 아주 읽기 쉬운 텍스트를 사용하라. 한 페이지 이상의 텍스트를 사용할 경우, 학생들이 초점을 두어야 할 곳을 알려주면 시작부터 성공을 보증해 줄 것이다.

○ 학생들에게 훑어 읽기가 다른 읽기 전략과 얼마나 관련 있는지를 보여주기 위해서 '교과서 활동 안내(Textbook Activity Guide: TAG)'(Johns & Lenski, 1997)를 사용할 수도 있다. 이 활동의 개발자들은 교사에게 학생들이 읽을 자료를 선택한 후 '교과서 활동 안내'를 시도할 것을 제안하고 있는데, 이를 통해 학생들은 여러 면에서 텍스트와 상호작용하는 법을 배우게 된다는 것이다. 예를 들면 다음과 같다.

- 예측하기: 10~13쪽의 제목을 조사하라. 이 장(chapter)을 읽으면서 무엇을 배우게 될지 여러분의 생각을 기록하라.
- 읽고 토론하기: 10쪽의 머리말을 읽고 이 장에 있는 정보와 관련하여 여러분이 알고 있는 것을 옆에 있는 사람에게 말하라.
- 훑어 읽기: 11쪽과 12쪽을 훑어 읽어라.
- 읽고 다시 말하기: 13쪽과 14쪽을 묵독으로 읽어라. 여기까지 배운 모든 것을 기록하면서 다시 말하라.

7. 답을 찾으며 읽기

1) 학년 수준: 1~3학년

2) 개관

'답을 찾으며 읽기(Read to Discover)'는 앞에서 소개한 '신속한 정보 탐색 읽기'의 변형으로, 초등학교 저학년 학생들에게 주어진 지시문과 관련이 있는 정보를 찾는 법을 가르치는 데 사용될 수 있다. 예를 들어, 교사는 학생들에게 흥미진진한 부분, 질문에 대한 답이 들어 있는 부분, 자신이 가장 좋아하는 부분을 다시 읽게 한다. 학생들은 또한 특별히 의미 있는 구절을 찾아서 확인하고, 해당 구절을 선택한 이유를 설명할 수도 있다. 이 전략은 허구적인 이야기뿐만 아니라 논픽션 텍스트에도 적용하여 학생들에게 관련 있는 정보를 찾게 할 수도 있다. 이 전략은 '신속한 정보 탐색 읽기'와 함께 글을 훑어보는 방법을 학생들에게 가르쳐주는 일상적인 글 읽기 방법 중의 하나다.

3) 수업 절차

(1) 개별 카드에 여러 개의 지시문을 쓰도록 하라. 몇몇 지시문은 개방형으로 하여 어떤 책에나 사용되도록 할 수도 있다. 다른 지시문은 아동이 읽었으면 하는 특정 책에 초점을 맞출 수도 있다. 예를 들어,『윌리의 우스꽝스러운 할머니(Willy's Silly Grandma)』(DeFelice, 1997)를 읽을 때에는 "여러분이 가장 좋아하는 부분을 찾아 읽으시오."와 같은 개방형 지시문을 사용할 수도 있다. "윌리의 할아버지가 윌리에게 할머니를 우스꽝스럽다고 하지 않는 것이 좋겠다고 말한 부분을 찾아라." 와 같은 지시문은 단지 이 책에만 관련된 질문이다.

(2) 이 지시문 카드를 모두 통에 담아라.

(3) 학생들에게 절차를 설명하라. 다음과 같이 말할 수도 있다. "오늘 우리
    는 우리가 읽을 이야기로부터 특정 정보를 찾는 연습을 할 것입니다.
    여러분이 이 이야기를 묵독으로 읽고 나면, 나는 통에서 지시문 카드
    를 뽑아 그것을 읽을 것입니다. 그리고 여러분에게 지시문에 대한 답
    을 찾을 시간을 줄 것입니다."

(4) 학생들이 읽을 이야기를 제공하고 그것을 묵독으로 읽을 시간을 그들
    에게 준다.

(5) 일단 학생들이 묵독으로 읽고 나면, 그들에게 지시문을 읽어주거나 한
    명의 학생을 호명하여 지시문을 읽게 한다. 모둠 또는 학급의 나머지
    학생들에게는 지시문과 관련 있는 해당 정보를 찾도록 한다.

(6) 그런 다음 학생들이 정보를 찾았다는 신호를 보내면 그중 한 명을 호
    명하여 소리 내어 읽게 한다.

4) 교사의 목소리

캐롤 선생은 모든 학생에게 『닿으면 초콜릿이 돼요(The Chocolate Touch)』
(Catling, 1952)를 읽게 한 후, 평가 활동으로서 커다란 키세스 초콜릿을 만들도
록 했다. 캐론 선생은 얇은 종이에 지시문을 써서 키세스 초콜릿 속에 넣고 실
제의 키세스 초콜릿처럼 은박지로 포장하였다. 학생이 키세스 초콜릿을 선택
하면 그 안의 지시문에 답할 시간을 준다. 다음과 같은 지시문도 들어 있었다.

- 존이 다른 모든 것보다도 사탕을 좋아한다는 사실을 여러분이 처음으로
  확신하게 된 부분을 찾으시오.
- 여러분이 존에게 유감스러웠던 부분을 한 곳 찾으시오.

캐롤 선생은 다음과 같이 말하면서 수업을 마쳤다. "책에서 가장 좋았던 부

분을 다른 사람과 공유하는 것은 독자들이 평소에 하는 일이에요. 여러분에게 의미 있는 부분을 찾아내는 일은 다른 사람과의 소통을 도와주지요. 이는 여러분이 독자가 되었음을 의미하는 한 부분이지요."

5) 확장·조언·연계

○ 학생들이 이 활동에 익숙해지고 나면 학생들에게 지시문을 만드는 법을 가르치고, 적절하다면 지시문에 대한 답이 들어 있는 쪽수를 쓰게 하라. 그런 다음 이 지시문들을 통에 넣고 이 활동을 수행할 때 사용하라.

○ 많은 경우, 지시문의 답이 텍스트에만 있는 것은 아니다. 학생들에게 지시문과 답의 관계를 이해시키기 위하여 '질문과 답의 관계(Question-Answer Relationships: QARs)'(Raphael, 1982) 전략을 가르칠 수도 있다. '바로 거기에 (Right there)'는 텍스트에 명시적으로 제시되어 있는 답을 찾아야 하는 질문이다. '생각하고 찾기(Think & Search)'는 답이 텍스트에 명시적으로 제시되어 있지만, 여러 곳에 있기 때문에 여러 곳을 읽고 답을 찾아야 하는 질문이다. '작가와 당신(Author & You)'과 '자기 스스로(On my Own)'는 답이 텍스트에 명시적으로 제시되어 있지 않는 질문으로, 독자는 배경지식과 경험을 사용하여 질문에 답해야 한다. 라파엘(Raphael, 1982/1986)은 학생들에게 이런 '질문과 답의 관계'를 가르치는 것에 대한 의견을 제시했다.

3장

공유하기와 실연하기

우리가 일상생활에서 묵독을 주로 사용한다는 사실은 의심할 여지가 없다. 그러나 음독을 해야 할 때도 있다. 예를 들어, 시를 낭송하거나 재미있는 만화책을 함께 보거나 할머니에게서 온 편지를 다른 가족에게 읽어줄 때에는 음독을 사용한다. 그리고 소리 내어 읽는 것을 들었던 경험도 많이 가지고 있다. 예를 들어, 아나운서는 음성으로 라디오나 저녁 뉴스에서 소식을 전달한다. 확실히 텔레비전에 출연하는 배우는 대사와 감정을 정확하게 전달하기 위해 대본을 읽고 외우는 데 많은 시간을 보낸다. 분명히 음독이 실제 목적을 위해 사용된다면, 학생들은 글의 의미에 대한 알맞은 표현과 인식을 가지고 읽는 이유를 알게 될 것이다. 이것이 훌륭한 음독의 핵심이다.

이번 장의 목적은 음독을 실제로 사용하는 법, 즉 음독을 공유하거나 실연하는 법을 보여주는 것이다. [표 3-1]은 이번 장에서 소개할 음독 전략과 그 각각의 전략이 발달시키는 읽기 기능을 개괄적으로 나타낸 것이다. '준비'와 '청중'은 음독 전략을 사용할 때 마음속에 새겨두어야 하는 중요한 두 가지 핵심 요소다. 이 활동의 목적은 정보를 공유하고 전달하는 것이기 때문에, 음독자는 발표를 사전에 준비할 시간을 가져야 한다. 또한 음독자가 실연할 준비가 되었을 때에는 실연에 관심을 가진 청중도 필요하다.

[표 3-1] 이해력 발달을 위한 효과적인 음독 전략과 읽기 기능

읽기 기능/전략	효과적인 음독 전략						
	수정된 라디오 읽기	책 읽어주기	합창 읽기	멘토 읽기	독자 극장	돌아가며 읽기	시 클럽
긍정적 태도/읽기 흥미	○	○	○	○	○	○	○
읽기 이해	○	○	○	○	○	○	○
듣기 이해	○	○			○		○
어휘	○	○	○	○	○	○	○
언어 신호 활용	○	○	○	○	○	○	○
예상하기		○			○	○	
이미지 만들기	○			○	○		○
배경지식 활용	○	○	○		○	○	○
점검하기	○				○		○
추론하기	○	○	○	○	○		○
표현성(유창성)	○	○	○	○		○	○
띄어 읽기(유창성)	○	○	○	○	○	○	○
훑어 읽기							

1. 수정된 라디오 읽기

1) 학년 수준: 1~5학년

2) 개관

'수정된 라디오 읽기(Revised Radio Reading)'(Greene, 1979; Searfoss, 1975)는 돌려 읽기를 대신할 수 있는 좋은 대안이다. 학생들은 자신들이 소리 내어 읽어야 할 부분을 미리 연습한 다음에 다른 학생들 앞에서 실연한다. 독자는 라디오 아나운서가 하듯이 글을 소리 내어 읽고, 다른 학생들은 사람들이 라디오로부터 흘러나오는 이야기를 듣는 것처럼 청자의 역할을 한다. 음독이 끝나면 독자는 소리 내어 읽은 부분에 대한 짧은 토론을 진행한다. 대체로 '라디오 읽기(Radio Reading)'는 쉽게 실행할 수 있고, 만족스러우며, 교육 방법적으로도 적절한 음독 전략이다. 다음은 시어포스(Searfoss, 1975)가 제안한 수업 절차이다.

3) 수업 절차

(1) '라디오 읽기'를 적용하기 하루 전에 교사는 사용할 텍스트를 훑어 보고 학생들에게 그것의 개괄적인 내용을 알려준다. 그런 다음에 교사는 텍스트를 몇 부분으로 나누어 모둠의 각각의 구성원에게 한 부분씩을 할당한다.

(2) '라디오 읽기'를 준비하는 학생들은 할당된 부분을 연습한다. 연습은 학교에서 해도 좋고 집에서 해도 좋다. 학생들은 또한 자신들이 음독해야 할 부분에 대한 개방형 질문이나 도발적인 진술에 대한 간략한 토론을 준비함으로써 청중을 대화로 이끈다.

(3) '라디오 읽기'를 실연하는 날에는 학생들과 함께 '라디오 읽기'의 절차를 점검한다. 청중에게 자신의 책을 덮고 학생 음독자가 읽는 구절을

들어야 한다는 것을 상기시켜라. 교사가 책을 소개할 수도 있고 학생에게 책을 소개하게 할 수도 있다. 그런 다음 텍스트의 첫 번째 부분을 할당받은 학생은 가능한 한 알맞은 표현과 의미로 음독하고 다른 학생은 조용히 경청한다. 첫 번째 학생의 음독이 끝나면 그 내용에 대한 간단한 토론을 진행하라. 물론 토론은 책을 모두 다 읽은 후에 할 수도 있다.

(4) 첫 번째 음독자가 발표한 다음에, 순서에 따라 모둠의 다른 음독자가 자신이 맡은 부분을 실연하고 다른 학생들은 조용히 경청한다.

(5) '라디오 읽기'를 이튿날에도 진행한다면 학생들에게 내일 읽을 부분을 할당하거나 스스로 선택하도록 한다.

4) 교사의 목소리

자넷 선생은 15년 이상 초등학생을 가르쳤다. 비록 그녀는 때때로 돌려 읽기를 하긴 했지만 한 번도 그것이 괜찮다는 느낌을 가져본 적이 없었다. 그녀는 '라디오 읽기'를 현장 연수에서 배웠고, 시도해 보기로 작정했다. 다음은 그녀의 말이다.

언제나 돌려 읽기를 사용할 때마다 무엇인가 잘못되고 있다는 느낌을 받았습니다. 저는 항상 읽기 그 자체보다는 아동과 아동의 행동을 살피는 데 더 많은 시간을 보냈습니다. '라디오 읽기'는 더 나았습니다. 이제 학생들은 실제로 읽기 전에 연습할 기회를 가지게 되었습니다. 그리고 한 학생이 읽는 동안에는 다른 학생들은 들을 수 있게 되었고, 저 또한 예전보다 학생들이 제대로 읽고 있는지를 좀 더 자세히 관찰할 수 있게 되었습니다. 읽기를 무서워했던 학생조차도 더는 큰소리로 읽는 것을 두려워하지 않게 되었습니다. 읽기 전에 연습할 시간을 준 것이 학생들에게 읽기의 두려움을 잊도록 하는 데 커다란 도움이 된 것입니다.

5) 확장·조언·연계

'라디오 읽기'는 청중 앞에서 소리 내어 글을 읽는 활동을 쉽게 할 수 있도록 돕는다. 실제로 자넷 선생이 가르치는 학생들은 오래된 냉장고 상자를 이용하여 커다란 구형 라디오를 만들었고, '라디오 읽기'를 실연할 때마다 그것을 가지고 나와서 학생들 앞에 놓았다. 그리고 자넷 선생 구입한 노래방 기계도 사용하였다. 마이크는 폴 스탠드에 부착되어 있었다. 한 달에 한 번 정도 학생들은 다른 학생들 앞에서 '라디오 읽기'를 실연했다. 발표자는 예전의 라디오 배우가 했던 것처럼 마이크 앞에 서서 글을 소리 내어 읽었다.

2. 책 읽어주기

1) 학년 수준: 유치원~2학년

본질적으로 이 활동은 고학년의 보다 수준 높은 텍스트에도 적용될 수 있다. 교사는 주어진 텍스트를 읽으면서 학생들과 상호작용할 기회를 가진다.

2) 개관

'책 읽어주기(Shared Book Experience: SBE)' 과정에서 교사는 학생들에게 책을 읽어주고, 그들이 가능하다면 따라 읽을 것을 권유한다. 교사와 학생은 모든 사람이 볼 수 있을 만큼 충분히 큰 책을 사용하여 함께 음독한다. 교사는 학생들에게 '책은 왼쪽에서 오른쪽으로 그리고 위에서 아래로 읽어야 한다'와 같은 인쇄물에 대한 관념을 가르치기 위하여 이 전략을 사용할 수 있다. 학생들은 책 또는 차트에 쓰인 이야기를 반복적으로 읽고 토론함으로써 감정을 실어 읽는 방법을 배우고 내용을 더욱 깊이 이해할 수 있게 된다. 실제로 연구에 따르면, '책 읽어주기'는 학생들의 어휘 분석 능력 및 사실적·추론적 이해력을 신장시킨다(Reutzel, Hollingsworth, & Eldredge, 1994).

3) 수업 절차

(1) 책명, 작가 이름 등에 대해 이야기하면서 책을 소개한다. 학생들에게 책의 내용을 예측해 보도록 한다.

(2) 학생들에게 주의 깊게 들으라고 하고 큰 소리로 책을 읽는다. 쓰여 있는 단어는 책의 메시지를 전달하고 독자는 책 내용에 주의를 기울여야 한다는 점을 학생들에게 보여주기 위하여, 교사는 책을 읽어줄 때 손가락으로 단어를 가리키도록 한다.

(3) 책을 며칠 동안 여러 차례 읽어준다. 학생들이 원한다면 따라 읽게 하라. 학생들이 책 내용에 익숙해지면 개별 학생에게 읽도록 한다. 학생들이 스스로 책을 읽을 수 있도록 수업하는 날 내내 교실에 책을 전시해 놓는다.

(4) 무엇을 알아냈고, 어떤 부분이 재미있었고, 어떤 부분이 무서웠는지, 책에 대해 이야기할 것을 학생들에게 권장하라.

(5) 교사는 같은 책의 가장 짧은 버전으로 시도해 볼 수도 있을 것이다. 학생들은 텍스트를 혼자서 읽을 수도 있고, 집에 가져가 가족과 함께 읽을 수도 있다.

(6) 며칠에 걸쳐 여러 번 텍스트를 읽었을지라도 가끔씩은 또다시 읽도록 하라. 이것은 학생들에게 좋은 책은 한 번 이상 읽고 즐길 가치가 있다는 점을 전해준다.

4) 교사의 목소리

조시 선생은 미란다(Miranda)의 『시장으로, 시장으로(To Market, to Market)』(1997)의 모둠 읽기를 위해 자신이 가르치는 1학년 학생들을 교실의 만남 공간으로 불렀다. 조시 선생은 앞에서 소개한 전략 모두를 그대로 따랐고, 책을 두 번째 읽을 때 자신을 도와줄 학생을 한 명 뽑았다. "폴, 단어를 가리키는 일을 도와주지 않겠니?" 폴은 열심히 다른 학생이 따라 읽는 단어를 손가락으로 가리켰다. 조시 선생은 이 활동에 대하여 다음과 같이 언급했다. "이러한 음독 유형을 활용한 일은 만족스러웠습니다. 우리 반 학생 모두 수준에 맞게 참여할 수 있었습니다. 모든 구성원이 어느 정도 성취감을 경험했습니다. 이 활동이 없었다면 어떻게 1학년 학생을 수업에 재미있게 참여시킬 수 있었겠습니까?"

5) 확장·조언·연계

학생들이 자율적인 독서 시간을 가질 때, 그들에게 '책 읽어주기'에서 읽었던 책을 읽도록 권유하라. 학생들은 혼자 읽기를 선택하거나 짝과 같이 읽기를 선택하거나 관심 있는 급우와 모둠으로 읽기를 선택할 수도 있다. 만약 책에 녹음테이프나 CD가 덧붙여 있고 학생이 원한다면 교사는 그것을 이용할 수도 있다.

3. 합창 읽기

1) 학년 수준: 1~5학년

2) 개관

'합창 읽기(Choral Reading)'는 '책 읽어주기'처럼 다수의 학생들이 하나의 텍스트를 함께 음독할 기회를 제공한다. 합창을 할 때처럼, 학생은 모두 의미 있고 즐거운 활동을 위해 노력할 것이다. '합창 읽기'에서 학생은 책을 모둠으로 함께 읽기 때문에 협동심을 키울 수 있다. 게다가 '합창 읽기' 때 책을 함께 소리 내어 읽는 과정을 통하여 학생 모두가 독자로 성장할 수 있다. 더 나아가, 혼자서 읽는 데 서툰 학생 혹은 읽기에 다소 어려움을 느끼는 학생에 대한 다른 학생의 지원을 통해 모든 학생은 성공적으로 읽기를 수행하게 된다. 합창하듯 함께 읽는 소리는 보통 매우 듣기 좋으며 모든 학생이 참여하기에 아주 적합하다.

3) 수업 절차

(1) 학생이 한목소리로 읽을 수 있는 텍스트를 선택한다. 시, 내용을 쉽게 예측할 수 있는 책(predictable book), 국기에 대한 맹세처럼 의식에 사용하는 텍스트도 좋다.

(2) 모든 학생이 텍스트를 볼 수 있게 한다. 실물화상기로 비춘 텍스트나 차트지에 쓴 텍스트를 사용할 수도 있고, 손에 쥘 수 있도록 책을 복사하여 나누어줄 수도 있다.

(3) 처음에는 학생에게 큰 소리로 책을 읽어줌으로써 '합창 읽기'의 시범을 보인다. 텍스트의 의미를 잘 표현하려면 어떤 목소리로 읽어야 하는지 학생들과 논의하라(2장의 '문장부호 생각하며 읽기' 참조).

(4) 책을 며칠에 걸쳐 여러 번 소리 내어 읽도록 한다. 방문객이 교실에 찾아왔을 때, 그 방문객에게 학생의 읽기를 보여줄 기회로 이것을 활용한다.

4) 교사의 목소리

산드라 선생은 3학년 학생과 함께 거의 매일 '합창 읽기'를 사용한다. 그녀는 '합창 읽기'에 대해 이렇게 말한다.

몇몇 동료들은 저에게 왜 '합창 읽기'를 계속 사용하느냐고 묻습니다. 그들은

"그것을 하기에 3학년은 조금 나이가 많지 않나요?"라고 합니다. 저는 '합창 읽기'가 적절하지 않은 나이란 없다고 생각합니다. '합창 읽기'는 우리 모두가 어떤 일을 같이 할 수 있는 한 방법입니다. 저는 학생에게 우리는 한 팀이고, 이것은 우리가 팀으로 할 수 있는 한 방법이라고 말합니다. 읽기에 어려움을 느끼던 학생도 스스로 소리 내어 읽기를 통하여 쑥스러워하지 않고 꾸준히 성취감을 느낄 수 있습니다. 우리는 짧은 시나 글도 세 번 정도 읽습니다. 세 번쯤 읽으면 읽기를 어려워하던 학생을 포함하여 거의 모든 학생이 글을 쉽고 유창하게 읽을 수 있게 됩니다.

산드라 선생은 '합창 읽기'를 위하여 보통 시를 선택한다. "제 책상에는 항상 몇 권의 시선집이 있어요. 저는 대체로 계절, 휴일, 교실 분위기에 어울리는 시를 찾지요." 그녀는 학생이 쓴 시, 책에서 고른 시, 노래 가사를 사용하기도 한다. 많은 경우 그녀는 학생에게 함께 소리 내어 읽고 싶은 글을 고르게 한다.

5) 확장·조언·연계

지네트 미키내티(Jeannette Miccinati, 1985)는 '합창 읽기'를 하는 다양한 방법을 제시하고 있다. '후렴 활동(Refrain)'은 학생이 후렴을 함께 읽는 활동인데, 배우기 비교적 쉬운 활동이다. '한 줄씩 읽기(Line-a-Child)'에서는 각각의 학생이 읽을거리 한 줄을 받아서 차례가 되면 읽는다. '번갈아 가면서 읽기(Antiphonal)'에서는 학생들이 두 모둠으로 나뉘고 각각의 모둠이 할당된 부분을 교대로 읽는다. '한목소리로 읽기(Unison)'는 학급 전체가 텍스트를 함께 소리 내어 읽는 활동인데, 모든 학생이 함께 하나로 참여해야 할 뿐만 아니라 어떤 부분에 대해서는 한목소리로 강조해서 읽어야 하므로 수행하기가 가장 어려운 활동이다.

4. 멘토 읽기

1) 학년 수준: 1~5학년

2) 개관

'멘토 읽기(Mentor Reading)'는 학생들이 멘토와 함께 텍스트를 읽는 전략으로, 멘토는 텍스트를 읽는 학생에게 도움이나 발판을 제공하는 사람이다. 멘토는 교사, 부모, 교실에서 자원봉사하는 학부모, 상급생, 심지어 반 친구도 될 수 있다. '멘토 읽기'를 통함으로써 학생들은 보다 매력적인 텍스트를 읽도록 권장된다. '멘토 읽기'의 핵심적인 특징은 나란히 앉은 두 독자 사이에서 읽기 활동이 일어난다는 것이다. 비록 '멘토 읽기'가 음독의 일종이기는 하지만 사적 환경에서 이루어지기 때문에 유일한 청중은 상대방뿐이다.

3) 수업 절차

(1) 읽기 멘토로 봉사하는 사람은 어떻게 자신의 상대 학생과 활동할 것인지, 어떻게 그 학생에게 반응할 것인지를 훈련해야 한다. 멘토는 '책 읽어주기' 형식으로 교육을 받아야 하고, 학생을 친절하고 참을성 있게 대해야 하며, 필요하다면 학생 독자에게 도움을 제공하는 방법을 보여야 한다. 다만 도움은 학생이 어려움을 해결할 수 있을 정도만 제공해야 한다.

(2) 학생에게 멘토(예컨대, 학부모 자원봉사자, 상급생, 반 친구 등)를 배정해 주고, '멘토 읽기'를 할 시간을 정한다. 보통 시간이 짧아야 효과적인데, 대체로 10~30분 정도이다.

(3) 학생은 스스로 책을 선택해야 한다. 그러나 멘토는 그들이 책을 선택할 때 의견을 개진해야 한다.

(4) '멘토 읽기'를 위하여 학생과 멘토는 함께 책을 읽을 수 있는 편안하고 조용한 공간을 찾는다.

(5) '멘토 읽기' 시간이 끝나기 전에 몇 분 동안 책에 대해 이야기할 시간을 마련한다. 그런 다음 다른 활동으로 이동한다.

4) 교사의 목소리

낸시 선생은 학부모 자원봉사자에게 4학년 학생과 '멘토 읽기'를 하게 했다. 그러면서 다음과 같이 말했다. "'멘토 읽기'는 배우기도 쉽고 하기도 쉬워요. 학생과 학부모님 모두 그것을 즐거워하지요. 우리 반 학부모 자원봉사자들은 자신에게 배정된 학생과 무엇을 해야 하는지를 정확하게 알고 교실로 오지요. 무엇보다도 저는 '멘토 읽기' 덕분에 학생들이 커다란 진전을 이루는 것을 보아왔어요."

5) 확장·조언·연계

○ '메아리 읽기(Echo Reading)'는 '멘토 읽기'의 한 변형이다. '메아리 읽기'에서 멘토가 구절이나 문장을 읽으면, 학생은 멘토가 읽은 구절이나 문장을 다시 읽거나 메아리처럼 되풀이한다.

○ 1학년을 담당하고 있는 진 선생은 지난 몇 년 동안 4학년을 담당하고 있는 조이스 선생과 함께 '멘토 읽기'를 해 왔다. 일주일에 두 번, 두 반의 학생은 학교 구내식당에서 만난다. 진 선생의 학생은 각각 조이스 선생 반의 멘토와 짝을 이룬다. 학생들은 구내식당을 책 읽기에 편안한 장소로 만들기 위하여 담요, 베개, 인형을 가져오며, 물론 책도 가져온다. 30분의 '멘토 읽기' 동안 1학년 학생과 4학년 멘토는 한 권의 책을 읽는다. 이따금 어린 1학년 학생이 멘토에게 책을 읽어주기도 하지만 그 외에는 멘토가 1학년 학생에게 책을 읽어준다.

5. 독자 극장

1) 학년 수준: 1~5학년

2) 개관

'독자 극장(Readers Theatre)'은 학생들이 청중을 위하여 이야기나 대본을 읽을 때 목소리 연기를 사용하는 전략이다. 교실 연극과는 달리 '독자 극장'은 교사가 준비해야 할 것이 많지 않다. 교실에서 연극을 하는 일은 연극과 관련된 많은 요소가 필요하기 때문에 한 명의 교사로는 준비하는 데 어려움이 크다. '독자 극장'에서 학생들은 대본을 외우지도 않고, 세트나 소도구나 의상도 사용하지 않는다. 학생은 무대 위에서 돌아다닐 필요가 없다. 그 대신 배우가 된 학생은 단지 청중 앞에 서서 대본을 소리 내어 읽기만 하면 된다. 세트나 소도구나 의상이 없기 때문에, 배우가 된 학생이 대본의 의미를 전달하는 유일한 방법은 자신의 목소리뿐이다. 따라서 배우가 된 학생은 목소리에 의미와 표현을 담아서 대본을 읽어야 한다. '독자 극장'은 학생들의 유창한 읽기, 표현력이 있는 읽기, 의미 있는 읽기를 신장시킨다.

3) 수업 절차

(1) 학생들이 읽었으면 하고 바라는 글을 선택하거나 학생들 스스로 글을 선택하게 한다. 성공적인 '독자 극장'의 열쇠는 소리 내어 읽기에 알맞은 텍스트나 대본을 찾는 것이다. 대본은 교과서나 잡지에서 쉽게 찾을 수 있다. 또 대본 모음집도 있다(책 뒤에 나오는 추천 도서 참조). 게다가 많은 아동문학 작품은 '독자 극장'을 하기에 알맞은 방식으로 쓰여 있다. 예를 들면, 안젤라 존슨(Angela Johnson)의 『엄마, 이야기해 주세요(Tell Me a Story, Mama)』(1989)는 두 학생이 그 반의 나머지 학생들

에게 읽어주기에 적합하도록 되어 있다. 한 명은 엄마 역할, 다른 한 명은 딸 역할을 할 수 있다. 폴 플라이쉬만(Paul Fleischman)의 『불런(Bull Run)』(1995)은 남북전쟁의 첫 번째 전투를 여러 참여자와 관찰자의 시점에서 이야기하고 있다. 이 책은 여러 학생이 다양한 등장인물의 역할을 맡아서 쉽게 '독자 극장'으로 실행할 수 있다.

(2) 대본의 개괄적인 내용을 학생들에게 제공한다. 대본에 있는 등장인물을 맡을 인원을 생각하면서 학생들을 몇 개 모둠으로 나눈다.

(3) 학생들에게 대본 읽을 시간을 제공한다. 학생들이 청중 앞에 서기 전에 충분히 개인 연습과 모둠 연습을 하도록 한다. 연습은 학생들에게 능숙한 읽기와 관련된 많은 기능, 즉 유창성, 표현을 살려 읽기, 저자의 의도에 대한 더 큰 민감성 등을 발달시키는 기회가 된다.

(4) 학생들 스스로 준비되었다고 생각할 때 교실에서 연기를 한다. 연기는 한 주에 걸쳐서 할 수도 있고, 특정한 날 특정한 시간에 할 수도 있다.

(5) 연기가 끝나면 교사는 청중에게 연기에 대해 말해 달라고 요청할 수도 있다. 다음은 몇 가지 응답 아이디어이다.

- 청중에게 종이를 주고 자신들이 들은 이야기를 토대로 등장인물이나 장면이 어떠한 것 같은지를 그림으로 표현하게 한다.
- 학생에게 등장인물을 가장 잘 설명할 수 있는 단어 세 개를 쓰도록 한다.

4) 교사의 목소리

로라 선생은 학생들의 유창성을 발달시키기 위한 좋은 방법으로 '독자 극장'을 활용했다. '독자 극장'과 관련하여 특히 좋은 경험을 한 후 그녀와 학생은 이리저리 옮겨 다니면서 공연을 하였다. 그들은 학교의 거의 모든 교실에서, 학부모 교사 연합회(PTA)에서, 학교 운영위원회에서, 지역 노인복지센터에서 공연했다. 이와 관련하여 로라 선생은 다음과 같이 언급했다.

모든 공연은 대단히 성공적이었어요. 학생들은 실제로 어떻게 연기를 해야 하는지를 알고 있었으며 연기가 점점 좋아졌어요. 지난 2주 동안 대본을 읽는 능력이 현저하게 향상되었어요. 무엇보다도 읽기에 대한 학생들의 태도가 달라졌어요. 종종 많은 학생이 읽기의 목적이 글을 읽고 이해하는 것이라는 사실을 잊곤 해요. 이 활동으로 학생들은 의미 파악을 위한 읽기의 중요성을 이해하게 되었지요. 그리고 누가 알겠습니까? '독자 극장'이 어린 배우들의 출발점이 될 것을요!

5) 확장·조언·연계

○ '독자 극장'이 학생들에게 생소하다면 동료 교사들과 함께 대본을 준비하여 학생들에게 그 공연을 보여주도록 하라. 공연이 끝나면 교사는 자신이 공연 연습을 위해 어떻게 준비했는지, 대본에 어울리는 목소리를 내기 위하여 무엇을 했는지(예컨대, 적절한 크기나 표현 등)에 대하여 학생들에게 이야기하라.

○ 학생들이 대본 작성법을 배우고 싶어하거나 기존 문체를 다른 문체로 바꾸는 방법을 배우고 싶어한다면 짧은 이야기를 대본으로 바꾸는 과정을 학생들에게 보여주도록 하라. 노블(Nobel)의 『우화(Fables)』(1980)는 이러한 작업을 하기에 좋은 책이다. 이러한 활동은 글쓰기 주제를 형성하는 데 어려움을 겪는 학생들에게 특히 적합하다. 이때 원래의 텍스트는 학생들을 위한 발판으로 기능한다. 학생들은 텍스트를 대본으로 재구성하거나, 내용의 일부를 추가 또는 삭제할 수도 있다.

○ 『독자 극장으로 학습하기(Learning with Readers Theatre)』(Dixon, Davies, & Politano, 1996)는 학생들에게 '독자 극장'을 가르치는 데 사용할 수 있는 많은 아이디어를 제시하고 있다.

6. 돌아가며 읽기[1]

1) 학년 수준: 유치원~5학년

2) 개관
'돌아가며 읽기(Read Around)'에서 학생들은 자신이 좋아하는 문장이나 문단을 친구들에게 읽어준다. 각각의 학생은 차례차례 구절을 찾아서 모둠이나 반 학생들에게 그것을 읽어주는 연습을 한다(Tompkins, 1998). 인상적이고 좋아하는 구절을 공유하는 것은 비판적 사고를 고취할 뿐만 아니라, 유창성과 의미 있는 읽기도 신장시킨다.

3) 수업 절차
(1) 다른 학생들과 공유하고 싶은 좋아하는 문장이나 문단을 찾도록 학생들에게 이전에 읽었던 자료들을 다시 살펴보게 한다. 논픽션과 소설 작품뿐만 아니라 책·잡지·만화 등과 같은 다양한 읽기 자료도 좋다.

(2) 학생들에게 해당 구절을 찾으면 스티커 메모나 쪽지를 이용하여 표시를 하게 한다. 책갈피는 이 용도로 사용될 수 있다.

(3) 학생들에게 해당 구절을 읽는 연습을 하도록 시킨다. 최소한 그 구절

....

1 '돌아가며 읽기(read around)'와 '돌려 읽기(round robin reading)'는 학생들이 글(단락)을 돌아가면서 소리 내어 읽는다는 점에서 기본적으로 동일하다. 하지만 활동 전에 연습할 기회가 주어지는가, 읽을 글을 선택할 수 있는가, 글을 선택한 이유를 공유할 기회가 있는가 등에서 다르다. 자세한 내용은 이 책의 34-38쪽('돌려 읽기'), 80-81쪽('돌아가며 읽기') 참조.

을 두 번은 읽게 한다.

(4) 한 학생이 자신이 찾은 구절을 읽으면 다른 학생들은 주의 깊게 듣도록 시킨다. 다 마치면 다음 학생에게로 넘어간다. 교사가 직접 학생을 호명하지 말고 학생들 스스로 다른 학생이 읽지 않을 때 눈치껏 자신의 구절을 읽도록 시킨다. 이 활동에서 순서는 중요하지 않다. 교사가 직접 구절을 읽어줄 수도 있다는 점을 명심하라.

(5) 모든 학생이 구절을 읽을 기회를 가질 때까지 활동을 계속한다.

(6) 자신이 찾은 구절을 읽기 전이나 후에 그것을 선택한 이유를 말하게 한다. 이러한 활동을 통해 학생들은 구절을 선택하는 다양한 방법이 있다는 것을 알게 된다.

4) 교사의 목소리

카렌 선생은 마이클 선생에게 다음과 같이 말했다. "'돌아가며 읽기'는 돌려 읽기(round robin reading)에서 벗어난 후 사용한 첫 번째 읽기 전략이에요. 이것은 읽고 싶은 구절을 찾아서 연습할 기회를 가질 수 있기 때문에 음독 전략으로 사용하기에 좋은 것 같아요. 또한 학생들이 해당 구절을 공유할 때 서로에게 주의를 기울인다는 사실도 알게 되었지요."

5) 확장·조언·연계

이러한 방식의 책 읽기가 학생들에게 생경하다면, 교사가 몇 가지 안내를 해줌으로써 그 성공 가능성을 높일 수 있다. 학생들에게 같은 책을 읽게 해서 공유하고 싶은 구절을 선택하게 하라. 그런 다음 자신이 좋아하는 구절을 발표할 차례가 올 때까지 책을 덮고 있도록 시켜라.

7. 시 클럽

1) 학년 수준: 1~5학년

2) 개관

시는 대체로 소리 내어 읽는 글이라고 여겨진다. 시에 대한 감상은 시어뿐만 아니라 시를 읽는 사람의 목소리로부터도 생겨난다. 시는 모든 초등학교 수업에서 중요한 역할을 한다. '시 클럽(Poetry Club)'은 시를 감상하고 소리 내어 읽을 수 있는 기회를 제공한다. '시 클럽'은 또한 학생들에게 글을 반복적으로 읽어야 하는 진짜 이유를 제공하며, 언어에 대한 감수성을 신장시킬 수 있는 강력한 방법이 된다. '시 클럽'은 앞에서 소개한 '돌아가며 읽기'보다 좀 더 형식적인 형태인데, 학생들에게 자신이 좋아하는 시를 선택해 연습하고 소리 내어 읽을 수 있는 기회를 제공한다.

3) 수업 절차

(1) 교실이나 학급 도서관을 꾸미는 일의 일부로 시에 대한 교사의 애정을 학생들에게 보여준다. 시를 교실 게시판에 붙이고 시집을 학급 도서관에 비치해 둔다. 교사가 가장 좋아하는 시집 한 권을 교탁 위에 놓아둔다.

(2) 여러 편의 시를 학생들에게 소리 내어 읽어준 후, 학생들이 비치되어 있는 시집에서 시를 골라 반 학생들에게 소리 내어 읽어줄 기회가 있다는 사실을 말해준다. 학생들이 선택할 수도 있는 다양한 제목의 시집을 보여준다(책 뒤에 있는 추천 도서 참조).

(3) 학생들에게 시를 선택해 연습할 수 있는 기회를 제공하라. 시를 월요일에 골랐다면 나머지 날들은 시를 연습할 수 있는 시간으로 사용한다. 학생들은 시의 다양한 구절을 다양한 목소리로, 그리고 다양한 속

도로 읽어볼 수 있다. 학생들을 시를 '적절히' 이해하기 위해 많은 읽기 연습을 할 필요가 있다.

(4) 학생들에게 특정 요일 특정한 시간에 진행되는 '시 클럽' 시간 동안 시 읽기 활동에 참여하도록 권유한다.

(5) '시 클럽' 시간이 다가오면 학생들을 교실의 만남 공간에 모이게 한 다음 자신이 선택한 시를 다른 학생들과 공유하게 한다. 학생들은 선택한 시에 대한 정보와 그것을 고른 이유를 이야기할 수도 있다.

4) 교사의 목소리

팻시 선생과 브라이언 선생은 서로 다른 5학년 반을 담당하고 있지만 금요일에는 '시 클럽' 활동을 위해 두 반을 합친다. 두 반은 격주로 '시 클럽'에서의 역할을 바꾼다. '시 클럽' 모임은 한 시간 이하로 진행되며, 교사가 학생을 지명하지 않고 모든 학생이 자발적으로 참여해 시를 읽는다. 브라이언 선생이 다음과 같이 말했다. "우리 반 학생은 다른 반 학생에게 시를 읽어주는 기회를 즐기고 있는 것 같아요. 좋은 시를 골라 일주일 내내 연습하는 모습을 보는 것은 매우 즐거운 일이에요. 처음에는 자발적으로 참여하기를 꺼렸는데, 지금은 전혀 그렇지 않아요. 당면한 문제는 참여하기로 한 모든 학생이 시를 읽을 충분한 시간을 확보하는 것이지요." 팻시 선생은 다음의 말을 덧붙였다. "학년이 올라갈수록 학생들은 시를 감상하는 능력을 갖게 되지요. 어떤 학생은 직접 시를 써서 소리 내어 읽기도 하지요. 때때로 학생들은 한목소리로 시를 읽기도 하고, 한 부분씩을 맡아 읽기도 하지요. 지난주에 찰리는 시에 멜로디를 붙여 노래로 만들었는데 우리에게 깊은 인상을 주었어요."

5) 확장·조언·연계

달린 선생이 가르치는 3학년 학생들도 '시 클럽' 활동을 한다. 달린 선생은

'시 클럽' 활동을 할 수 있는 분위기를 만들기 위해 '무대'를 만들고 무대에 독서용 의자 하나를 놓았다. 그리고 머리 위의 등불을 끄고 독서용 램프를 조명으로 활용하여 무대를 비추었다. 그런 다음 책상을 적절하게 배치하여 교실의 나머지 공간을 커피숍 분위기로 만들었다. 한 학생이 시를 읽기 위하여 무대로 올라가 의자에 앉으면 다른 학생들에게는 간단한 다과(주스와 팝콘)가 제공되었다. 어느 날, 1950년대에 아이였던 한 학생의 할아버지가 자신이 좋아하는 시를 학생들과 공유하기 위하여 왔다. 할아버지는 시를 즐기고 있다는 것을 보여주기 위하여 박수 대신에 손가락으로 소리를 내는 방법을 학생들에게 알려주었다. 누가 아는가? '시 클럽'이 비트족(beatnik) 시대를 우리의 생활에 가져다줄지도 모르는 것을!

4장

읽기 부진 독자 돕기

읽기 부진 독자를 돕기 위한 음독 전략—소리 내어 읽어주기, 짝 읽기, 유창성 발달 수업 등—을 하는 이유는 읽기 부진 독자들이 읽기를 점검할 기회를 주고, 교사에게 학생들의 읽기를 평가하고 지원할 방법을 제공하기 때문이다.

교사들의 갖은 노력에도 불구하고 읽기 학습에 어려움을 겪는 학생들이 있다. 어떤 학생들은 읽기에 대해 잘못된 인식을 가지고 있어서 읽기 문제를 해결하는 데 필요한 전략을 가지고 있지 못하다. 이러한 학생들은 읽기의 주목적이 이해라는 것을 알지 못한다. 그 대신, 그들은 읽기를 단어에 대한 정확한 해독이라 여기면서 단어가 의미하는 것에는 거의 주의를 기울이지 않는다. 그들은 또한 읽기는 말하는 것과 같아서 글을 읽을 때에는 말하는 것처럼 읽어야 한다는 것을 이해하지 못한다. 또 어떤 학생들은, 단어 의미를 이해하고 인식하는 데 어려움을 겪는다. 이들은 여전히 읽기 유창성의 부족과 단어 재인의 불충분함으로 자신의 독서를 발달시키지 못하는지도 모른다.

1장에서 확인한 '음독을 해야 하는 12가지 이유'에서처럼, 음독은 이러한 학생들을 보다 강력한 독자로 성장시키는 데 사용할 수 있는 효과적인 방법이다. 음독이 읽기 부진 독자에게 특별히 효과적인 이유를 두 가지 더 제시하면 다음과 같다.

(1) 음독은 학생들에게 그들의 읽기를 점검할 수 있는 기회를 제공한다. 글을 소리 내어 읽으면서 학생들은 자신의 글 읽는 소리를 들을 수 있다. 따라서 자신의 글 읽는 소리가 말하는 것처럼 들리는지, 의미가 통하는지 알 수 있다. 만약 글 읽는 소리를 녹음해 둔다면 읽기가 끝난 다음 학생들은 자신의 읽기를 더욱 잘 분석할 수 있다(음독 평가와 관련된 추가적인 설명을 보려면 5장 참조). 거리를 두고 자신의 읽기를 바라보는 이러한 능력은 학생들을 성찰로 이끈다.

(2) 음독은 교사에게 학생들의 읽기를 평가하고 지원할 방법을 제공한다. 한 학생이 묵독하면서 도움을 요청하지 않는다면, 교사가 언제 그 학생을 도와야 하는지 판단할 수 없기 때문에 그 학생을 도와주는 것은 어려운 일이 된다. 음독은 교사가 학생들의 읽기를 점검하여 필요한 도움을 제공할 수 있게 한다. 이러한 도움에는 다양한 형태가 있을 수 있다. 학생이 상이한 언어 신호(1장 참조)를 사용할 수 있도록 돕기 위해 질문을 던지는 것에서부터 의미 파악에 초점을 맞춘 다양한 읽기 전략 사용법을 배우도록 돕는 것까지 있다.

이 장에 제시되어 있는 음독 전략은 읽기에 어려움을 겪는 아동에게 특히 적합하다. [표 4-1]은 읽기에 어려움을 겪는 아동에게 특히 효과적인 음독 전략을 개관하고 있다. 2장과 3장에 제시된 다른 표와 마찬가지로, [표 4-1]은 효과적인 음독 전략이 독자의 구체적인 읽기 기능을 어떻게 발달시키는지 보여주고 있다.

[표 4-1] 읽기 부진 독자를 위한 음독 전략과 읽기 기능

읽기 기능/전략	효과적인 음독 전략				
	소리 내어 읽어주기	짝 읽기	오디오북 읽기	아동 음독 듣기	유창성 발달 수업
긍정적 태도/읽기 흥미	○	○	○	○	○
읽기 이해	○	○	○	○	○
듣기 이해	○	○			○
어휘	○	○	○	○	○
언어 신호 활용	○	○	○	○	○
예상하기		○		○	○
이미지 만들기	○		○	○	○
배경지식 활용	○	○			○
점검하기	○				
추론하기	○	○	○	○	○
표현성(유창성)	○	○	○	○	○
띄어 읽기(유창성)	○	○	○	○	○
훑어 읽기					

1. 소리 내어 읽어주기

1) 학년 수준: 유치원~8학년

2) 개관

모든 학생들에게는 유창하고 능숙한 독서에 대한 '모델'이 필요하다. 묵독은 이러한 역할을 수행하는 데 제한적이다. 학생들은 교사나 부모가 묵독으로 읽는 것을 볼 수는 있지만, 이러한 모델이 책을 읽는 동안 무슨 일이 일어나는지 결코 듣거나 알아차릴 수 없다. '소리 내어 읽어주기(Read-Aloud)'는 학생들에게 숙련된 읽기의 '내면을 들여다볼' 기회를 제공할 뿐만 아니라, 무엇보다도 읽기는 말과 같아서 말하는 것처럼 들려야 한다는 점을 이해할 기회도 제공한다! 교사나 부모의 '음독'은 학생들이 성취하려고 애쓰는 모델이 된다.

교사가 학생들에게 책을 소리 내어 읽어줄 때, 그 교사는 학생들이 따라하고 싶어하는 능숙한 읽기의 모델을 보여주는 것이다. 그러므로 교사나 다른 사람이 읽기 부진 학생에게 책을 읽어줄 때에는 사전에 읽기 연습을 충분히 하여 유창하고 자신감 있게 읽어주는 일이 중요하다. 사실, 교사는 음독의 본질에 학생들의 주의를 집중시키기 위하여 때때로 다양한 등장인물에 맞게 목소리를 내거나, 극적으로 읽기를 멈추거나, 높낮이·성량·속도와 같은 운율적 요소에 변화를 주는 등 극적인 감각을 추가하여 조금 과장되게 책을 읽을 수도 있다. 그리고 읽기가 끝난 후 교사는 학생들과 '소리 내어 읽어주기'에 대하여 논의할 시간을 가질 수도 있는데, 이때 교사는 자신이 의미를 전달하기 위하여 읽기 속도, 띄어 읽기 등에서 어떤 결정을 했는지를 설명한다.

책을 유창하게 소리 내어 읽고, 읽은 것에 대하여 반응하고 토론하는 것은 학생들의 나이에 상관없이 읽기 부진 아동을 위한 수업의 정규적인 일부분으로 자리매김해야 한다.

3) 수업 절차

(1) 우선 학생들과 함께 읽을 책을 선택한다. 교사 자신이 좋아하는 구절과 학생들이 좋아할 것 같은 구절을 선택한다. 상을 받았거나 국제독서협회가 선정한 책[매년 『독서 교사(The Reading Teacher)』 10월호에 실린다]을 참고하면 적합한 텍스트를 찾는 데 도움이 된다. 다른 참고 도서는 이 책 뒤의 추천 도서 영역에 열거되어 있다. 이야기책은 학생들에게 소리 내어 읽어주기에 좋은 텍스트이다. 그런데 학생들이 텍스트가 구성되는 수많은 방식에 대해 알도록 하기 위해서는 그들에게 다양한 장르의 작품도 소리 내어 읽어줄 필요가 있다. 예를 들어, 시는 종종 독특한 형식이나 운율을 가지고 있고, 논픽션은 나름의 고유한 구조를 가지고 있다.

(2) 학생들과 함께 '소리 내어 읽어주기'를 하기 전에 텍스트 읽기를 연습한다. '소리 내어 읽어주기'의 목적 중 하나는 학생들에게 유창한 음독이란 어떻게 들리는지를 알게 하려는 것이기에, 교사는 완성도 높은 발표, 즉 부드럽고 세련된 방식으로 음독하는 것이 중요하다. 교사는 책을 소리 내어 읽을 때 구체적인 표현 요소를 확실히 포함시켜야 한다. 성량 조절, 목소리의 높낮이, 다양한 등장인물을 표현하는 다양한 목소리, 상황에 맞는 적절한 읽기 속도 등이 여기에 해당한다. 이 요소는 모두 독자가 저자의 의도를 어떻게 해석해서 청중에게 전달하는지를 학생들에게 보여주기 위한 것이다. 물론 이는 또한 '소리 내어 읽어주기' 경험에 대한 학생들의 만족감도 증가시킬 것이다.

(3) '소리 내어 읽어주기'를 규칙적으로 수행할 시간을 정하도록 한다. 학생들이 편안하게 참여할 물리적 환경을 조성하라. 학생들이 바닥에 앉아서 '소리 내어 읽어주기'를 하는 것이 편안하다면 그렇게 하도록 허락하라. '소리 내어 읽어주기'를 교실의 카페트 영역에서 하는 것도 좋

다. 몇 개의 방석이 있으면 이 또한 '소리 내어 읽어주기' 활동이 즐거운 활동이라는 느낌을 줄 수 있다. 어쩌면 읽기를 위해 나무로 만든 흔들의자나 다른 특별한 가구가 필요할 수 있다. 실제로 흔들의자는 한 학생이 반 학생들에게 책을 소리 내어 읽어줄 때 '낭독자 의자'로 사용될 수 있다. 조명도 안락한 환경을 위해 고려해야 할 사항이다. '소리 내어 읽어주기'에 적절한 분위기를 조성하기 위해 가능하다면 머리 위의 등불을 어둡게 하라. 교사는 의자 옆에 작은 탁자를 놓고, 그 위에 테이블 램프를 놓아둘 수도 있다.

(4) 학생들이 잘 낭독된 이야기로부터 만족감과 의미를 얻기 위해서는 주의 깊게 들어야 한다는 사실을 항상 알려주도록 하라.

(5) 음독이 끝나면 학생들과 방금 들은 것에 대해 이야기한다. 어떤 부분이 마음에 들었고 그 이유는 무엇인가? 혹은 더 명확한 설명이 필요한 부분이 있는가? 이야기의 결말이 학생들이 생각한 것과 같은가? 교사가 목소리를 바꾼 이유를 학생들이 말할 수 있는가? 그렇다면 그것이 저자가 의도한 메시지를 전달하는 데 도움이 되었는가?

4) 교사의 목소리

글로리아 선생은 타이틀 I 교사(Title I teacher)[1]인데 학생들에게 자주 책을 소리 내어 읽어준다. 가끔 그녀는 일반 교실에서 학생들을 가르치기도 하고, 다른 때에는 자신의 교실에서 적은 수의 학생을 가르치기도 한다.

어디에 있든지 간에 저는 학생들을 만날 때마다 반드시 책을 읽어주려고 노력하지요. 이는 학생들에게 읽기란 무엇인지, 그리고 잘 쓰인 텍스트로부터 독자나

---

[1] 읽기나 수학 부진 학생을 가르치는 특별 교사.

청자가 얻을 수 있는 즐거움이 무엇인지에 대한 중요한 메시지를 전달해 주지요. 알다시피 제가 책을 읽어주는 또 다른 이유가 있어요. 저는 학생들이 저의 목소리 덕분에 읽기에 대한 이해와 읽기의 만족감이 증진되었다는 사실을 알기를 원해요. 제가 가르치는 학생들 중에는 제가 '잘못된 방법'이라 부르는 방식으로 책을 읽는 학생들이 많아요. 연습 시간 때조차 그들의 읽기는 그저 웅얼거리는 소리처럼 들려요. 이러한 학생들은 목소리에 억양을 넣어 생생하게 읽는다면 이해력도 좋아진다는 것을 알아야 해요. 그러면 묵독으로 읽을 때에도 학생들은 표현으로 가득한 내면의 목소리를 들을 수 있고 읽기의 즐거움을 맛볼 수 있지요.

5) 확장·조언·연계

모든 책을 끝까지 읽어줄 필요는 없다. 학생들이 책에 푹 빠질 수 있을 정도까지만 읽어주면 된다. 이것은 학생들에게 음독에서 묵독으로 직접 옮아갈 기회를 제공하고, 해당 학년 동안 교사가 학생들에게 좀 더 많은 책을 소개할 수 있게 한다. 몇몇 학생의 경우에는 책이 어떻게 끝나는지를 알고자 책의 나머지 부분을 읽으려고 할 터이므로 책을 여러 권 준비할 필요가 있다.

2. 짝 읽기

1) 학년 수준: 1~8학년

2) 개관

학생들에게 책을 읽어주는 것은 책을 어떻게 읽어야 하는지 모델을 제시하는 일이다. 이것은 읽기에 어려움을 겪고 있거나 그것에 부정적인 태도를 가지고 있는 학생들을 위한 프로그램에서 필수적인 부분이다. 그러나 학생들에게 읽어주는 것만으로는 충분하지 않다. 학생들은 적절한 지원과 도움을 받으면서 스스로 소리 내어 읽을 기회를 많이 가져야 한다.

'짝 읽기(Paired Reading)'는 학생들을 도울 수 있는 가장 강력한 방법들 가운데 하나이다. 이것은 읽기에 어려움을 겪고 있는 한 학생이 능숙하게 읽는 교사, 상급생, 혹은 심지어 또래와 짝을 지어 일대일로 지도받는 것이다(Topping, 1987). 두 사람이 나란히 앉아서 고른 책을 함께 읽는데, 가르치는 쪽이나 배우는 쪽 중 어느 한 명이 읽을 때 텍스트를 가리킨다. 이것이 효과적일까? 물론이다! 토핑(Topping, 1987)에 따르면, 학생은 부모와 함께 정기적으로 읽을 때 읽기 이해와 단어 재인에서 놀랄 만한 진전을 보였다. 학생이 다른 어른이나 학교 내의 학생과 함께 했을 때에도 결과는 비슷했다. 다음은 토핑(Topping, 1987)이 제안한 수업 절차이다.

3) 수업 절차

(1) 첫 번째 읽기 시간에 개인 교사(tutor)와 학생은 만날 시간을 정한다.

(2) 학생은 읽을 책을 선택할 수 있고 언제든지 바꿀 수 있다. 학생이 책을 읽는 동안 개인 교사는 학생을 도와야 한다. 개인 교사의 도움은 학생으로 하여금 선택한 어떤 책이든 읽을 수 있도록 한다. 또한 흥미가 성공적인 읽기에 중요한 역할을 한다는 점을 기억해야 한다. 해당 주제에 진실로 흥미를 느끼면 책에 열중하기 쉽다.

(3) 언제나 함께 읽는 것으로 시작한다. 언제 시작하는지를 알 수 있도록 "하나, 둘, 셋" 신호를 보내도록 한다.

(4) 학생이 혼자서 읽고 싶을 때를 알리는 신호를 만들어둔다. 대체로 어깨를 두드리거나 고개를 끄덕이는 신호가 많다. 학생이 혼자서 읽겠다는 신호를 보내면 개인 교사는 학생이 스스로 어려움을 해결하도록 독려하면서 그 학생이 혼자 읽는 동안 도움을 계속 제공한다. 개인 교사

와 학생은 때때로 논리적으로 생각할 지점에서 읽기를 멈추고 읽은 것이 무엇을 의미하는지에 대해 이야기해도 좋다.

(5) 텍스트를 잘못 읽었을 때에는 학생 스스로 고칠 수 있을 때까지 기다린다. 그러나 스스로 고치지 못하거나 그것을 잘못 읽어서 다른 뜻이 되었다면, 개인 교사는 해당 단어를 가리키면서 "여기에 무슨 의미가 있을까?"라고 묻는다. 학생이 단어를 다시 정확하게 읽거나 개인 교사가 알려주면, 혼자서 읽겠다는 다음 신호가 있을 때까지 함께 소리 내어 읽는다.

이러한 수업 절차를 염두에 두면서 개인 교사는 학생에게 '짝 읽기' 전략의 과정을 설명한다. "오늘 읽기를 할 때 우리는 함께 소리 내어 읽을 거야. 네가 혼자 읽고 싶다고 느끼면 내 어깨를 두드리렴. 그러면 나는 읽기를 멈출게. 만약 네가 읽기 어려운 단어를 만나더라도 나는 네가 스스로 해결할 수 있을 때까지 기다릴 거야. 그래도 해결이 되지 않으면 그 단어에 대해 말해 줄게. 그리고 네가 내 어깨를 다시 두드리기 전까지는 함께 소리 내어 읽을 거야." 그런 다음 개인 교사와 학생은 함께 소리 내어 책을 읽기 시작한다.

4) 교사의 목소리

4학년을 맡고 있는 캐서린 선생은 '짝 읽기'를 몇 년 동안 해 왔고, 몇 가지의 변형된 형태를 발전시켰다. 다음은 그녀의 말이다.

우리는 매달 마지막 금요일 아침마다 음독 실연 시간을 가집니다. 비록 각각의 학생이 자신이 읽을 구절을 매달 초 스스로 고르긴 하지만, 저는 학생에게 연습 파트너와 함께 음독 활동을 수행하도록 합니다. 그들이 고른 구절은 시일 수도 있고, 공부를 위해 또는 재미를 위해 읽는 이야기일 수도 있으며, 미국의 헌법 서문과 같은 유명한 연설이나 문서일 수도 있습니다. 모든 학생은 자신이 읽을 책뿐만 아니라 파트너가 읽을 책도 가지고 있어야 합니다. 저는 금요일 활동을 하기 전 화요일, 수요일, 목요일에 학생이 자신이 고른 구절을 파트너와 함께 읽을 약 15분의 시간을 줍니다. 기본적으로 학생은 파트너와 함께 서로 필요한 도움을 주면서 책을 읽습니다. 또한 학생은 해당 구절을 읽는 방법(짝과 둘이 또는 혼자서)에 대해 토론합니다. 이 단순한 활동은 모든 학생, 특히 읽기에 어려움을 겪고 있거나 그것에 부정적인 태도를 가지고 있는 학생들의 읽기 능력을 신장시킵니다.

5) 확장·조언·연계

초등학교 고학년 읽기 부진 학생이 초등학교 저학년 읽기 부진 학생의 개인 교사(tutor)가 될 수 있다. 고학년 학생은 저학년 학생이 선택한 텍스트를 잘 읽을 수 있어야 한다. 그래야만 필요할 때 저학년 학생에게 도움을 줄 수 있다. 또한 고학년 학생은 저학년 학생이 읽지 못하는 단어를 만났을 때 저학년 학생을 도와줄 '좋은 연습 전략'을 많이 알아야 한다. 이러한 경험은 양쪽 학생 모두에게 이득이 된다. 실제로 몇 가지 연구 결과에 따르면, 이는 고학년 읽기 부진 학생에게 가장 큰 이득이 된다(Topping, 1989).

3. 오디오북 읽기

1) 학년 수준: 1~5학년

2) 개관

'짝 읽기' 전략이 마음에 들지만 수업에서 개인 교사로서 활동하겠다는 자원봉사자가 충분하지 않다고 해도 걱정할 필요는 없다. 학생들이 책을 읽으면서 들을 수 있는 상업적으로 제작된 오디오북이 있다. '오디오북 읽기(Recorded Texts)'를 사용하면 '짝 읽기'와 같은 효과를 얻을 수 있다. 오디오북을 들으면서 연관된 텍스트를 음독하는 것은 학생들의 읽기 능력을 촉진한다. 이 전략의 성공 비결은 학생들이 텍스트를 읽으면서 동시에 텍스트를 구연한 오디오북을 들을 수 있다는 데 있다. 연구에 따르면, 이 전략은 학생들의 이해력, 유창성, 단어 식별 능력을 향상시킬 수 있다(Carbo, 1978; Chomsky, 1978).

3) 수업 절차

(1) 짧은 이야기나 시가 녹음되어 있는 CD를 구입하거나 교사가 직접 그것들을 CD에 녹음한다. 녹음할 때에는 명확하고 적절한 속도를 유지하면서 억지스럽지 않게 자연스러운 목소리로 읽는다. 대부분의 상업용 CD는 다음 쪽으로 넘어갈 때 신호로 알려준다. 교사가 직접 녹음한다면 다음 쪽으로 넘어갈 때 독자에게 그것을 알려주는 신호를 넣을 필요가 있다.

(2) 학생이 오디오북을 사용할 수 있는 규칙적인 날짜와 시간을 정한다. 읽기에 주어진 15~30분 동안 학생들에게 오디오북을 들으면서 책을 따라 읽는 법을 보여주도록 하라. 읽기가 끝나면 학생들이 읽은 것에 대해 이야기하도록 한다. 녹음된 CD를 사용할 경우 따라 읽는 동안 교실의 다른 학생이 방해를 받지 않도록 학생들에게 CD 플레이어, CD, 헤드폰을 제공한다.

(3) 학생들에게 오디오북과 텍스트를 집에 가져가 추가적으로 독서를 즐기면서 의미 있는 읽기 연습을 할 수 있도록 한다.

4) 교사의 목소리

조 선생의 3학년 학생 몇 명은 읽기에 어려움을 겪고 있었다. 조 선생은 '오디오북 읽기'가 학생들의 읽기 능력을 신장시키는 데 효과적이라는 사실을 알게 되었다. 조 선생은 다음과 같이 말했다.

읽기에 어려움을 겪고 있는 제 학생들은 오디오북을 좋아하는 것 같아요. 집에서 들으려고 대여하기도 한답니다. 저는 학생들에게 오디오북을 들으면서 책도 함께 읽어야 한다는 점을 상기시키지요. 학생들이 오디오북과 텍스트를 반납할 때면 저는 텍스트 속의 짧은 구절을 선택하여 읽어 보라고 요구하지요. 학생들의 자신감이 향상되는 것처럼 그들의 읽기 능력도 향상되더군요. 진실로 놀라운 것은 이렇게 향상된 읽기 능력이 학생들로 하여금 처음 보는 새로운 글도 읽을 수 있게 한다는 것이지요.

5) 확장·조언·연계

○ 학생들은 반 친구 전체, 자신들, 저학년 학생을 위하여 '오디오북 읽기'를 할 수 있다. '오디오북 읽기'는 개인차를 고려할 수 있는 좋은 방법이다. 왜냐하면 상이한 학생들의 수준에 맞게 오디오북을 조절할 수 있기 때문이다. 오디오북을 녹음할 때의 성공 열쇠는 완벽에 가까운 읽기에 있다. 그러므로 학생들은 녹음 전에 많은 연습을 해야 하고, 심지어 녹음 과정에서도 한 번 이상 녹음할 필요가 있을 수도 있다. 다시 말해, 이것은 학생들이 읽기 연습을 할 수 있는 또 다른 좋은 방법이다. 학생들이 짝을 이루거나 모둠으로 오디오북을 녹음하게 하라. 한 가지 이상의 목소리로 녹음하면 더 훌륭한 오디오북을 만들 수 있다. 다수의 목소리로 녹음하는 것은 등장인물이 많거나 대화가 많은 이야기일 때 특히 효과적이다.

○ 제퍼슨 초등학교 학생들은 오디오북을 만들기 위한 소규모 회사를 설립했다. 이것은 5학년 학생들이 2학년 학생을 위한 오디오북을 녹음하면서 소박

하게 시작되었다. 이 아이디어는 인기를 얻게 되었고, 모든 저학년 반은 중학년 반을 파트너로 갖게 되었다. 유치원생과 3학년, 1학년과 4학년, 2학년과 5학년은 각각 파트너가 되었다. 몇몇 5학년 학생들은 한 걸음 더 나아가 학교 출판사를 통하여 만든 오디오북을 학부모에게 판매하기도 했다.

4. 아동 음독 듣기

1) 학년 수준: 1~5학년

2) 개관
때때로 어른이 아동에게 책을 읽어주는 건 좋은 일이다. 다른 때에는 어른과 아동이 함께 책을 읽는 것도 좋다. 또한 가끔은 어른이 즉각 반응하고, 활동적이며, 열성적인 청자가 되는 것도 적절한 행동이다. 실제로 연구에 따르면, 매일 5분에서 20분 동안만 아동 음독 듣기(Listen to Children Read)를 하더라도 아동의 읽기 능력 발달에는 매우 큰 영향을 준다고 한다(Hewison & Tizard, 1980).

3) 수업 절차
(1) 학급의 자원봉사자, 반 친구, 다른 학년의 학생들은 해당 학생이 읽는 것을 기꺼이 들어줄 것이다.
(2) 해당 학생에게 소리 내어 읽을 텍스트를 검토할 시간을 주도록 한다. 그 학생은 연습을 통해 저자의 의도를 가장 잘 전달하기 위하여 어떻게 텍스트를 소리 내어 읽어야 하는지, 즉 높낮이, 성량, 속도, 일시 멈춤과 같은 요소를 어떻게 사용해야 하는지를 알게 된다.

(3) 청자는 해당 학생에게 책을 읽는 동안이나 읽은 후에 많은 인내심과 함께 긍정적이고 진실한 반응을 보여주어야 한다. 일반적인 반응(예컨대, "네가 이야기를 읽는 방식이 좋았어.")이나 구체적 반응(예컨대, "어떻게 이 부분을 그런 표현으로 읽어야겠다고 생각했니?") 모두 가능하다.

4) 교사의 목소리

초등학교 1학년 교사인 후안 선생은 '아동 음독 듣기' 교실로 학부모를 초대했다. 후안 선생은 다음과 같이 말했다. "우리 학생에게는 책 읽을 기회가 많이 필요합니다. 또한 학생이 읽은 것에 흥미를 느끼는 청자도 필요합니다. 학부모는 항상 자신이 도울 수 있는 일이 무엇인지를 묻습니다. 저는 학부모에게 청자가 되어줄 것을 요청함으로써 이러한 두 가지 목적을 모두 달성합니다. 더욱이 학부모에게는 듣는 일이 어렵지 않으며, 학생은 어른들에게 책을 읽어주고 싶어합니다."

5) 확장·조언·연계

○ 지역사회의 명사들은 청자가 되는 것에 흥미를 느낄 것이다. 시장, 시의회 의원, 학교 운영위원회, 여타 지역 유지를 청자로 초청한다.

○ 매년 '독서 행사(read in)'를 몇 차례 준비한다. 학생과 청자가 함께 준비해 다른 사람들에게 재미있는 책을 읽어준다.

5. 유창성 발달 수업

1) 학년 수준: 1~5학년

2) 개관

읽기 부진 학생들을 가르치는 교사는 학생들을 위한 보다 강력한 학습 기회를 창출하기 위하여 몇 가지 음독 전략을 통합하는 것을 고려할 수도 있다. '유창성 발달 수업(Fluency Development Lesson: FDL)'은 이러한 방법 중의 하나인데, 라진스키와 그의 동료들(Rasinski, Padak, Linek, & Sturtevant, 1994)이 개발하여 초등학생 연령대의 아이들에게 실행한 바 있다. '유창성 발달 수업'은 '소리 내어 읽어주기', '합창 읽기', '아동 음독 듣기', '읽기 실연'이 통합된 것으로 상당 기간에 걸쳐 실행되어 왔다. 보통 이 활동은 학생들이 시나 짧은 텍스트(100~200단어)를 사용할 경우 약 15분 정도 소요된다. 이 수업은 다른 읽기 활동의 보완으로 실행되는데 일주일에 적어도 네 번 정도는 수행된다. '유창성 발달 수업'의 목적은 배움이 필요한 학생들의 의미 있는 읽기 능력, 유창성, 단어 재인 능력을 신장시키는 데 있다. 이 수업 동안 학생들은 교사가 읽어주는 시나 다른 텍스트를 듣는다. 그런 다음 학생들은 텍스트를 합창하듯 다 같이 소리 내어 읽거나, 짝을 이루어 소리 내어 읽거나, 반 친구들과 함께 텍스트 읽기를 연습하거나, 흥미를 느끼는 청중 앞에서 텍스트 읽기를 수행한다.

3) 수업 절차

(1) 텍스트는 학생과 교사를 위하여 2부를 준비한다. 텍스트는 실물화상기나 차트지를 통해 보여주기도 하는데, 일반적으로 간단한 형태의 시나 짧은 이야기의 일부분이다.

(2) 교사가 학생들에게 텍스트를 몇 차례 읽는 동안 학생들은 텍스트를 조

용히 보면서 듣는다.

(3) 학생들과 텍스트의 내용에 대해 이야기한다. 또한 감정을 실어 읽으면 텍스트의 내용을 잘 전달할 수 있고, 다른 사람들이 듣고 싶도록 만들 수 있다는 점을 알려준다.

(4) 교사의 도움을 받아 학급 전체가 합창하듯 다 같이 텍스트를 소리 내어 몇 차례 읽는다. (학생들을 이 전략에 참여시키는 추가적 방법에 대해서는 3장의 '합창 읽기' 절을 참조하라.)

(5) 학생들끼리 짝을 짓게 한 뒤, 각각의 파트너는 적어도 세 번 이상 텍스트를 읽는 연습을 하게 한다. 필요하다면 듣는 학생은 읽는 학생에게 긍정적인 피드백(예컨대, "나는 네가 읽는 방식이 좋다")을 주도록 한다.

(6) 반 학생 전체를 다시 소집한다. 그리고 몇몇 짝으로 하여금 나머지 반 친구들에게 텍스트 읽기를 실연하게 한다.

(7) 학생들에게 텍스트에서 단어 세 개를 선택하여 자신의 단어장에 적도록 한다. 이 단어는 여러 목적으로 사용될 수 있는데, 글쓰기 자료로 사용될 수도 있다.

(8) 학생들이 '유창성 발달 수업'을 위해 사용한 텍스트 복사본을 나중에 참고하도록 폴더에 넣어두도록 시키거나 집에 가져가 부모님에게 읽어주도록 한다.

(9) 학생들로 하여금 또 다른 상호적인 읽기 경험을 준비시키기 위해, 다음의 '유창성 발달 수업'은 이전 수업에서 읽었던 텍스트를 빠르게 다 함께 소리 내어 읽는 것으로 시작하도록 하라.

4) 교사의 목소리

초등학교 2학년 교사인 말린 선생은 '유창성 발달 수업'을 자신의 교실에서 실행하기 위하여 티모시 라진스키(Timothy Rasinski)와 그의 동료인 낸시 파닥(Nancy Padak)과 함께 작업하고 있다. '유창성 발달 수업'에 대해 말린 선생은 다음과 같이 말했다. "아, 정말 잘되고 있어요! 올해 학생들의 읽기 능력에 상당한 진전이 있었습니다. 공식적인 연구 프로젝트는 끝났지만, 저는 이 '유창성 발달 수업'에 정신이 팔려 있고, 이것을 계속 진행하려고 합니다. 조사 여부와 상관없이, 저는 학생들이 향상되고 있는 것을 충분히 목도하고 있습니다."

5) 확장·조언·연계

학생들은 맥락을 통해 상당히 많은 단어를 학습한다. 그래서 학생들에게 실제적인 목적을 위해 실제적인 텍스트를 읽을 기회를 제공하는 것은 매우 중요하다. 학생들의 어휘력을 발달시키는 한 가지 방법은 그들이 읽고 있는 텍스트에서 단어를 선택하여 단어장을 만들게 하는 것이다. 학생들에게 단어를 선택할 수 있는 여러 가지 방법이 있음을 보여주도록 하라. 예를 들어, 단어가 발음될 때 소리 나는 방식에 따라, 혀로 느껴지는 방식에 따라 단어를 고를 수 있다. 학생들은 또 단어가 불러일으키는 특이한 의미나 이미지에 따라 단어를 고를 수도 있다. 학생들에게 다른 학생과 단어장을 공유할 수 있는 시간을 제공하는 것은 어휘력을 신장시킬 뿐만 아니라 어떻게 단어가 삶의 풍요로움에 기여하는가를 알게 하는 또 다른 방법이다.

5장

음독 평가

음독을 활용한 읽기 평가는 학생들이 책을 이해하면서 읽는지, 자신의 음독에 대해 어떻게 생각하는지, 감정을 실어 유창하게 읽는지 등의 평가를 목적으로 한다. 이러한 음독 평가 방법으로는 수정된 오독 분석, 회고적 오독 분석, 학생 자기 평가, 다차원 유창성 평가가 있다.

학 생들이 어떻게 읽기에 접근하는지를 잘 이해할 수 있는 최선의 방법 중 하나는 학생들이 읽는 것을 듣고 관찰하는 것이다. 학생들의 음독을 녹음하여 오독을 세심하게 분석하면 그들이 글을 읽을 때 사용하는 읽기 전략이 무엇이며, 그들에게 필요한 읽기 전략이 무엇인지를 알 수 있다. 우리는 이러한 분석 결과를 토대로 학생들의 읽기 잠재력을 최대로 끌어내는 수업을 계획할 수 있다.

학생들의 읽기 수행을 기록하면 학생들에게 그들이 시간의 흐름에 따라 얼마나 성장해 왔는가를 보여줄 수 있을 뿐만 아니라, 스스로에 대해 좀 더 잘 이해하도록 도울 수 있다. 읽기 발달에서 자기 인식(self-awareness)은 변화를 향한 첫걸음이기 때문에 매우 중요하다. 베이커와 브라운(Baker & Brown, 1980)이 언급한 바처럼, "만약 아동이 효과적으로 과제를 수행하는 데 필요한 것이 무엇인지를 인식한다면 학습 상황이 요구하는 것을 보다 적절하게 충족시킬 수 있다. 반대로 아동이 학습자로서 자신의 한계나 과제의 복잡성을 인식하지 못한다면 문제를 예상하거나 찾아내기 위한 예방 조치를 취하기가 어려울 것이다"(p. 5). 교사의 안내를 받아 학생이 자신의 읽기에서 현재 사용하고 있는 전략이 무엇인지를 인식하게 되면 추가적으로 배워야 하는 읽기 전략이 무엇인지를 알 수 있다. 일단 읽기 전략을 선택할 수 있다는 것을 알게 되면 학생들은 글을 이해하기 위하여 어떤 읽기 전략을 언제 사용할지를 판단할 수 있다. 달리 말하면, 학생은 자신의 인지적 행동을 통제할 수 있게 되는 것이다.

1. 음독을 활용한 읽기 평가

아동의 읽기 과정을 평가하는 가장 쉬우면서도 덜 거슬리는 방법 중의 하나는 아동의 자율 독서 시간 동안 혹은 교사가 아동에게 개별적으로 읽기를 지도하는 동안 아동이 스스로 선택한 책을 소리 내어 읽는 모습을 관찰하고 듣는 것이다. 다음의 질문은 그런 관찰을 하는 데 유용하게 사용될 수 있다. 관찰한 내용은 나중에 참고 자료로 활용할 수 있도록 카드나 노트에 기록해 놓을 수도 있다.

음독 관찰로 이끄는 추천 질문

(1) 아동이 책을 이해하면서 읽는가?

(2) 아동이 내용을 이해하지 못했을 때 무엇을 하는가?

(3) 아동이 모르는 단어를 만났을 때 어떤 언어 신호(의미, 통사, 철자)를 사용하는가?

(4) 아동의 오독에는 어떤 유형이 있는가?

(5) 아동은 책을 읽으면서 어려움에 부딪혔을 때 교사에게 의존하는가, 자기 자신에게 의존하는가?

(6) 아동이 고빈도 단어들을 식별할 수 있는가?

(7) 아동이 글의 의미를 생각하고, 감정을 실으며, 유창하게 읽는가?

(8) 아동이 읽은 것을 얼마나 잘 회상할 수 있는가, 또는 얼마나 잘 다시 말할 수 있는가?

(9) 아동은 텍스트에 대하여 기꺼이 다른 사람과 이야기하려고 하는가?

(10) 아동은 자신의 음독 수행에 대해 어떻게 생각하는가?

2. 음독 평가의 목적·이유·방법

평소에 해온 구체적이고 비형식적인 평가는 아동이 음독할 때 무엇을 하는가를 관찰하여 기록할 때 유용하게 사용될 수 있다. 모든 효과적인 음독 평가 전략에는 다음의 세 가지 질문이 있어야 한다.

- 나는 무엇을 알고 싶은가?
- 나는 왜 알아야 하는가?
- 나는 어떻게 알 수 있는가?

[표 5-1] 음독 평가의 목적·이유·방법

'무엇'을 알고 싶은가?	'왜' 알아야 하는가?	'어떻게' 알 수 있는가?
아동이 책을 이해하면서 읽고 있는가?	이해는 읽기의 목표이다. 우리는 아동이 글을 이해하면서 읽고 있는가를 알 필요가 있다.	• 수정된 오독 분석 • 다차원 유창성 평가
아동은 자신의 음독에 대해 어떻게 생각하는가?	변화는 인식으로부터 시작한다. 아동이 자신의 음독을 듣고 평가하면 자신의 음독이 어떻게 들리는지에 대해 알게 된다. 이 과정에서 느끼는 주인의식은 변화를 만들어낸다. 교사는 학생들이 자신의 발전에 도움이 되는 적절한 목표를 설정하게끔 도와줘야 한다.	• 학생 자기 평가 • 회고적 오독 분석

아동이 감정을 실어 유창하게 읽는가?	유창성은 읽기 이해에 영향을 준다. 학생을 최대한 돕기 위해 교사는 누가 유창하게 읽는지를 알아야 한다. 그리고 교사는 유창하게 읽지 못하는 학생을 도와야 한다.	• 다차원 유창성 평가
아동의 단어 재인 능력은 어떠한가?	단어 재인은 성공적인 읽기의 한 측면이다. 능숙한 독자는 단어를 인지하기 위하여 세 가지 신호 체계(의미, 통사, 철자)를 모두 사용한다. 교사는 학생이 세 가지 신호를 모두 사용하여 효율적인 읽기를 하는지 알아야 한다.	• 수정된 오독 분석

[표 5-1]은 앞의 세 가지 질문이 어떻게 음독 평가에 적용되는지를 보여준다. 복사해 사용할 수 있는 음독 평가 서식은 질문 사용법과 아울러 이 장의 뒤에 제시하였다. 하지만 음독 평가 방법이 무엇이든 간에 아래에 제시한 세 가지 원칙은 유지되어야 한다.

원칙 1: 다른 학생의 방해를 받지 않아야 한다

종종 학생들은 평가 때 읽는 텍스트가 처음으로 읽는 것일 수도 있다. 이는 글 읽기를 아주 어렵게 만들 수 있다. 또한 주위에 청중이 있다면 글을 소리 내어 읽는 것에 부담을 느낄 수도 있다. 다른 학생의 방해를 받지 않을 수 있는 세 가지 방법을 소개하면 다음과 같다.

(1) 학생을 교실의 지정된 장소로 오게 한 다음 글을 소리 내어 읽도록 한다. 이때 다른 학생은 독자적으로 과제를 수행하거나 주어진 글을 조용히 읽게 한다. 이렇게 하면 다른 학생의 방해를 받지 않고 해당 학생은 주어진 부분을 개별적으로 읽을 수 있다.

(2) 교사가 바퀴 달린 의자를 사용한다. 대체로 교실이 좁기 때문에 평가받는 학생과의 '개별적인 만남'을 가질 공간은 없다. 또한 교사는 평가를 최대한 정확하게 하기를 바라기 때문에 해당 학생이 책상이나 탁자

에서 개별적으로 책을 읽는 동안 그 학생을 평가하고자 할 수도 있다. 이런 경우 바퀴 달린 의자가 유용하다. 의자를 굴려가면서 한 학생의 책상에서 다른 학생의 책상으로 옮겨 다닐 수 있다. 다만 학생은 교사에게만 들릴 정도의 목소리로 책을 읽는다. 어떤 교사는 이 방법 대신에 무릎 패드를 사용하기도 했다. 그 교사는 학생의 책상 옆에 무릎을 꿇고서 학생이 책을 읽으면 거기에 맞춰 메모를 했다.

(3) 학생에게 녹음기를 제공한 다음 조용한 장소를 찾아서 주어진 부분을 녹음하게 한다. 이는 해당 학생이 다른 학생의 방해를 받음 없이 책을 읽을 수 있게 할 뿐만 아니라, 그 학생이 독자적으로 읽는 사이 교사가 다른 학생과 활동할 수 있도록 한다.

원칙 2: 학생이 책을 소리 내어 읽는 동안 관찰하라

학생이 해당 텍스트를 소리 내어 읽는 동안 동일한 또 다른 텍스트에다 관찰한 것을 기록한다. 교사의 메모는 차후 분석 자료로 활용될 수 있다. 녹음기로 녹음한 뒤 나중에 분석할 수도 있다. 또한 녹음은 앞에서 열거한 질문에 대답하는 학생에게 집중할 수 있도록 한다. 녹음의 또 다른 이점은 학생에게 녹음 내용을 들려줄 수 있다는 점이다. 학생은 자신의 읽기에 대해 평가하거나 교사의 질문에 답할 수 있다. 읽기에 대한 학생 자신의 평가는 학생뿐만 아니라 교사에게도 가치 있는 통찰을 제공한다. 하지만 스트랭(Strang, 1969)이 지적했듯이, 우리는 학생이 "의미 있는 통찰을 보여주기는 힘들 것"(p. 81)이라고 생각한다.

원칙 3: 교사는 자신이 전문가라는 사실을 믿어야 한다

세세한 절차에 얽매이지 말고 교사는 자신이 전문가라는 사실을 기억해야 한다. 교사가 생각하기에 어떤 것이 학생을 이해하는 데 필요하다면 그것을 해야 한다. 예를 들어, 학생의 음독이 두 번 반복해서 읽는 동안 향상되는지 여부를 알고자 한다면 학생에게 텍스트를 두 번 읽도록 시킨다. 교사는 학생이 글을 어떻게 읽는지 상업적인 검사나 표준화된 검사보다 더 잘 이해할 수 있다. 왜냐하면 해당 학년의 모든 날에 교사는 학생들을 더 나은 독자로 만들기 위하여 읽기 과정에 대한 자신의 지식을 활용하기 때문이다. 교사는 학생들이 해당 학년의 다양한 상황에서 글을 읽는 것을 볼 수 있다. 또한 학생이 다양한 텍스트와 함께 상호작용하는 것도 볼 수 있다. 교사는 오랜 시간 동안 다양한 상황에서 관찰한 것을 바탕으로 타당한 결정을 할 수 있다. 교사의 관찰은 타당할 뿐만 아니라 신뢰할 수 있다.

3. 비형식적 음독 평가의 절차

1) 수정된 오독 분석

오독 분석(Miscue Analysis)은 학생이 글을 읽으면서 범하는 실수를 단순히 세는 전통적인 음독 평가의 대안으로 케니스 굿맨(Kenneth Goodman, 1969)에 의해 처음으로 개발되었다. 오독 분석은 학생의 읽기에 대해 보다 심도 깊은 질적 평가를 가능케 하고(Yetta Goodman, 1997), 학생이 글을 읽으면서 어떤 신호 체계를 사용하는지를 알 수 있게 한다(신호 체계에 대한 설명을 보려면 1장 참조). 능숙한 독자는 글을 읽을 때 모든 신호 체계를 사용한다. 학생이 신호 체계를 많이 사용하는지 혹은 적게 사용하는지를 파악함으로써 우리는 학생이 쉽고 의미 있는 읽기를 가능하게 하는 방식으로 모든 신호를 융통성 있게 활용하도록 돕는 수업을 계획할 수 있다. 클레이(Clay, 1979)는 다음과 같이 말했다. "가르치는 일을 대화에 비유할 수 있는데, 왜냐하면 대답하기 위해서는 먼저 상대방의 말에 귀를 기울여야 하기 때문이다."

다음은 교실에서 사용하는 오독 분석의 한 형태이다.

(1) 적절한 텍스트를 선택한다. 형식적인 오독 분석을 하려면 400단어 혹은 그 이상의 단어로 된 글이 요구되지만, 150단어로 된 글도 괜찮다. 하지만 학생이 음독을 위하여 다양한 전략을 사용하는지, 전략을 어떻게 사용하는지를 판단하려면 글이 충분히 길어야 한다. 교사는 학생들이 상업적인 도서에서 가져온 글이나 커리큘럼에서 가져온 특정 자료를 사용하길 바랄 수도 있다. 해당 글의 복사본을 여러 부 마련하여 교사와 학생이 사용할 수 있게 하라.

(2) 수정된 오독 분석(Modified Miscue Analysis: MMA) 서식([그림 5-1], [그림 5-2])을 여러 장 복사한다.

(3) 아동에게 오독 분석 절차를 다음과 같이 설명한다. "나는 여러분이 책을 소리 내어 읽는 것을 들을 것이고, 여러분이 읽을 때 메모를 할 거예요."

(4) 음독하는 아동을 관찰한다. 아동의 몸짓이나 표정이 편안한가, 혹은 불편한가? 쉽게 산만해지는가? 눈과 텍스트의 거리가 적절한가? 손가락으로 텍스트를 짚으면서 글을 읽는가?

(5) 아동이 음독할 때 글의 복사본에다 다음의 기호를 표시한다.
- 아동이 빠뜨린 단어마다 동그라미를 그린다.
- 아동이 삽입한 단어마다 삽입 기호(∧)를 표시하고 삽입한 단어를 적는다.
- 아동이 다르게 읽은 단어마다 선을 긋고 다르게 읽은 단어를 적는다.
- 아동이 어떤 단어를 스스로 고쳐 읽었다면 해당 단어 위에 'C'라고 적는다.
- 아동이 반복하여 읽은 경우에는 반복한 곳에다 줄을 긋고 'R'이라고 표시한다.

- 아동이 띄어 읽기를 어떻게 했는지를 보여주기 위해 띄어 읽은 단어 사이에 겹사선(//)을 표시한다.

(6) 음독이 끝난 후, 아동에게 읽은 내용을 기억해 다시 말하게 한다. 아동이 글의 중요한 사건을 잘 기억하고 있는가? 아동의 기억력을 '뛰어남, 적절함, 적절하지 않음'으로 점수를 매겨라.

(7) 수정된 오독 분석 서식([그림 5-1])을 이용하여 아동의 읽기를 분석한다.
- 각각의 오독과 아동이 읽었던 텍스트를 기록한다. 스스로 고쳐 읽은 것과 반복해서 읽은 것은 오독으로 간주하지 않는다.
- 각각의 오독과 관련해 서식의 세 가지 질문에 답을 적는다. 가능하다면 'M(의미), S(구조), V(시각)'로 답을 적는다.

(8) '관찰 요약' 서식([그림 5-2])에 있는 모든 질문에 답하고, 추가적으로 관찰한 것을 기록한다.

(9) 오독에 대한 분석을 토대로 아동이 배워야 할 것을 판단하고 적절한 교육 전략을 선택한다.

조언: 린 로즈와 낸시 섕클린(Lynn Rhodes & Nancy Shanklin, 1990)은 바쁜 교사들을 위하여 오독을 분석하는 또 다른 효과적인 방법, 즉 '교실 오독 평가 (Classroom Reading Miscue Assessment)'를 고안했다. 그 구체적인 수행 절차와 평가 서식은 로즈와 섕클린(1990)의 논문에 실려 있다.

[그림 5-1] 수정된 오독 분석 서식

이름 _____   학년 _____

제목 및 쪽수 _____   날짜 _____

- 각각의 오독에 대한 중요한 세 가지 질문

  M(의미): 오독이 이해가 되는가?

  S(구조): 오독한 문장이 문법적으로는 맞게 들리는가?

  V(시각): 오독한 것이 텍스트의 단어와 유사한가?

학생	텍스트	사용된 신호
		M S V
		M S V
		M S V
		M S V
		M S V
		M S V
		M S V
		M S V
		M S V
		M S V
		M S V
		M S V
		M S V

[그림 5-2] 수정된 오독 분석: 관찰 요약

---

1. 음독자는 모르는 단어를 만났을 때 무엇을 했는가? (모든 반응에 체크)

_____ 다음과 같은 시도를 함

_____ 의미 신호 사용   _____ 구조 신호 사용   _____ 철자(소리·낱자) 신호 사용

_____ 반복적 시도   _____ 삽화 사용   _____ 뛰어 넘고 계속 읽음

_____ 기억 활용   _____ 다른 자료를 찾음

_____ 기타: _____

_____ 어떤 시도도 하지 않음   _____ 도움 요청   _____ 교사의 도움을 기다림

2. 음독자는 어떤 신호를 가장 자주 사용했는가?

_____

3. 의미가 통하지 않을 때 음독자는 얼마나 자주 스스로 고쳐 읽으려 했는가? (동그라미를 쳐라)

항상   때때로   좀처럼 하지 않음   전혀 하지 않음

의견: _____

4. 음독자는 얼마나 자주 단어를 반복적으로 읽었는가? (동그라미를 쳐라)

항상   때때로   좀처럼 하지 않음   전혀 하지 않음

의견: _____

5. 음독자는 유창하게 읽었는가? _____ 그렇다   _____ 보통이다   _____ 아니다

의견: _____

6. 음독자는 구두점에 유의하는가? _____ 그렇다   _____ 보통이다   _____ 아니다

의견: _____

〈읽기 이해〉

다시 말하기는 어때했는가? (동그라미를 쳐라)   뛰어남   적절함   적절하지 않음

의견: _____

기타 관찰: _____

---

2) 회고적 오독 분석

예타 굿맨(Yetta Goodman, 1996)이 처음으로 개발한 회고적 오독 분석(Ret-rospective Miscue Analysis: RMA)은 아동에게 자신의 읽기를 되돌아보게 함으로써 아동을 평가 과정의 중요한 요소로 자리매김한다. 연구(Opitz, 1989)에 따르면, 아동은 다른 자료에서는 얻을 수 없는 주요한 정보를 내놓을 수 있다. 학생에게 읽기 과정을 되돌아보게 하는 것은 교사에게 중요한 정보를 제공할 뿐만 아니라 학생에게도 자신의 읽기 전략을 탐구하고 스스로를 좀 더 잘 이해할 수 있는 기회를 제공한다. 교사는 학생이 보고할 가치가 있는 무엇인가를 가지고 있다는 사실을 알아야 한다. 그러므로 교사는 수업을 계획할 때 학생의 말에 귀를 기울이고 학생이 이야기한 것을 활용해야 한다. 회고적 오독 분석은 이러한 목적을 위해 사용될 수 있는 한 가지 방법이다. 덧붙여 이것은 교사에게 학생의 읽기 수행을 분석할 수 있는 기회를 제공할 뿐만 아니라 학생에게 글을 이해하기 위하여 어떤 전략을 사용하고 자신의 읽기를 어떻게 검토할 것인지 분석할 기회를 제공한다.

우리가 각색한 회고적 오독 분석의 절차는 다음과 같다.

(1) 아동에게 글을 소리 내어 읽고 그것에 대해 다시 말하게 한다. 아동에게 해당 구절의 복사본을 돌려주며 아동이 소리 내어 읽은 것을 녹음기로 들려줄 것이라고 말한다. 아동이 텍스트를 보면서 녹음기에 귀를 기울이도록 한다.

(2) 녹음한 것을 들려준다. 어떤 지점(오독을 한 부분)에서 녹음기를 멈추고, 아동에게 텍스트의 그 지점에서 무엇을 했는지 질문한다. 예타 굿맨(Yetta Goodman, 1996)은 이때 사용할 수 있는 몇 가지 질문을 제시하고 있다. 물론 각각의 오독에 대하여 다음의 질문 모두를 사용할 필요는 없다. 상황에 따라 이 질문을 선별하여 사용하라.

- 이 오독은 뜻이 통하니?

- 이 오독은 우리가 말할 때와 같은 소리가 나니?

- 텍스트에서는 그 단어가 네가 말한 단어처럼 보이니?

- (만약 오독이 수정되지 않았다면) 그것을 어떻게 수정해야 할까?

- (만약 오독이 수정되었다면) 그것을 어떻게 수정했니?

- 오독이 글을 이해하는 데 영향을 주었다고 생각하니? 어떻게 영향을 주었니?

회고적 오독 분석은 녹음기 없이도 수행될 수 있다. 학생이 교사 앞에서 텍스트를 읽는 동안에 '동시적으로' 진행될 수 있다. 예타 굿맨은 이것을 '중요한 가르침의 순간'이라 불렀다. 학생이 글을 읽으면서 오독을 수정했을 때, "어떻게 알아차렸니?" 혹은 "글을 읽으면서 네가 무엇을 했는지 말해주겠니?"라고 물을 수도 있다. 이러한 '중요한 가르침의 순간'은 훌륭한 읽기 전략을 강화하고 학생을 알 수 있는 위치에 놓아두면서 그 학생에게 자신의 읽기에 대해 좀 더 깊이 있게 생각하도록 한다. 그리하여 학생은 자신이 읽기 형식이 무엇이든, 즉 묵독과 음독 모두에서 독립적인 전략적 독자가 될 수 있다.

조언: 회고적 오독 분석에 대하여 더 알고 싶다면 예타 굿맨과 앤 마렉(Yetta Goodman & Ann Marek, 1996)의 『회고적 오독 분석: 독자와 읽기 재평가(Retrospective Miscue Analysis: Revaluing Readers and Reading)』를 참조하라.

3) 학생 자기 평가

학생에게 자신의 읽기에 대해 되돌아볼 수 있게 하는 또 다른 방법은 학생 자기 평가(Student Self-Evaluation)를 사용하는 것이다. 다음은 학생 자기 평가를 사용하는 절차이다.

(1) 한 달에 한 번 학생에게 한 구절의 글을 녹음하도록 한다. 학생은 녹음 된 것을 들으면서 학생 자기 평가 서식([그림 5-3])을 완성한다.

(2) 학생에게 시간과 사적인 공간을 제공하여 음독을 하게 하고 자신의 음 독에 대해 살펴볼 수 있게 한다.

(3) 학생에게 자신의 평가 결과를 교사와 공유하도록 하고, 왜 그렇게 평 가했는지를 이야기하게 한다.

(4) 이 평가 결과를 수업을 계획할 때 사용한다. 예를 들어, 어떤 경우에는 학생의 이해력에 좀 더 많은 주의가 필요할 것이다. 다른 경우에는 작 가의 의도를 더욱 잘 이해할 수 있도록 감정을 실어 글 읽는 법을 배워 야 할 필요가 있을 수도 있다.

조언: 4학년 교사인 노버트 선생은 컴퓨터 프로그램을 이용하여 학생에게 전자 포트폴리오를 만들도록 했다. 학생은 직접 글 읽는 소리를 컴퓨터에 녹음 한 다음 자신의 음독을 살피기 위하여 녹음된 파일을 듣는다. 학생은 많은 음독 파일을 전자 포트폴리오에 저장하여 시간의 흐름에 따른 자신의 발전 상태를 보여주기 위하여 이를 활용한다.

지난 10년 동안에 생겨난 읽기 유창성에 대한 관심으로 많은 읽기 유창성 프로그램이 개발되었다. 학생은 이것으로 음독을 연습하고, 자신의 음독을 듣 고, 가장 잘된 음독을 선택하여 교사에게 인터넷으로 보내 평가를 받는다. 비록 이런 식의 평가는 교사가 학생에 대해 몇 가지 판단을 하는 것으로 끝나지만 학생에게서 시작되었기 때문에 학생을 보다 사려 깊고 성찰적인 독자로 성장 시킨다.

[그림 5-3] 학생 자기 평가 서식

나는 글을 읽으면서 무엇을 했나?

이름 _____ 날짜 _____

책 제목 _____

읽은 쪽수 _____

안내: 다음 진술을 읽고 해당하는 항목에 체크하시오.

진술	아주 잘함	노력 필요
1. 나는 읽은 내용을 이해한다.		
2. 나는 다른 사람이 등장인물의 감정을 이해할 수 있도록 등장인물처럼 말하고자 한다.		
3. 나는 자신의 글 읽는 목소리가 친구와 이야기할 때와 같도록 부드럽게 읽는다.		
4. 나는 너무 빠르지도 너무 느리지도 않게 적당한 속도로 글을 읽는다.		

나는 곤경에 빠졌을 때를 알고 있으며, 다음과 같이 행동하였다.

_____

_____

_____

_____

_____

_____

_____

4) 다차원 유창성 평가

효과적인 음독은 단지 단어를 정확하게 읽는 것만의 문제는 아니다. 음독에서의 유창성은 단어 하나하나에서 드러나진 않는다. 오히려 유창성은 글을 적당한 속도로 읽고 해당 구절의 의미에 맞게 감정을 실어 적절하게 떼어 읽는 것으로 결정된다. 유창한 화자는 청자로 하여금 전달되는 메시지를 잘 이해하도록 하기 위하여 목소리의 크기와 높낮이, 속도를 조절하고 때때로 잠시 멈추기도 한다. 마찬가지로 유창한 음독자는 글을 보다 잘 이해하기 위하여 목소리의 크기와 높낮이, 속도를 조절하거나 잠시 멈춘다. 심지어 글을 소리 내지 않고 읽을 때에도 독자는 글을 보다 잘 이해하기 위하여 속으로 읽는 목소리의 크기와 높낮이, 속도를 조절하거나 잠시 멈추기도 한다.

읽기 유창성을 평가하는 한 가지 방법은 학생에게 글을 소리 내어 읽도록 하면서 [그림 5-4]와 같은 평가 서식으로 학생의 음독을 평가하는 것이다. 다음은 다차원 유창성 평가(Multidimensional Fluency Scale)의 절차이다.

(1) 책에서 한 구절이나 부분을 선택한다. 오독 분석에서 사용했던 글이어도 좋다.

(2) 각각의 학생을 위해 선택한 글을 여러 부 복사한다. 복사본 한 장을 학생에게 주어 읽도록 하고, 다른 복사본에는 학생의 음독 때 관찰한 것을 메모한다.

(3) 다차원 유창성 평가 서식([그림 5-4])을 학생에게 설명한다. 이 서식을 사용하면 학생의 음독을 쉽게 평가할 수 있다. 평가하고자 하는 학생의 수만큼 서식을 복사한다.

(4) 학생에게 서식 복사본을 주고, 최소한 한번은 소리 내지 않고 읽게 한다.

(5) 학생에게 서식 복사본을 소리 내어 읽도록 하면서 학생이 떼어 읽기를 하는 지점에 겹사선(//)을 표시한다. 또한 학생의 음독과 관련된 또 다

른 관찰 내용이 있다면 기록한다.

(6) 음독 후 학생에게 텍스트에서 기억나는 것을 말하게 한다. 그런 다음

[**그림 5-4**] 다차원 유창성 평가 서식

다차원 유창성 평가

학생 이름 _____   날짜 _____

선택한 텍스트 _____

안내: 음독자의 유창성을 세 가지 차원에서 평가하시오. 관찰과 가장 일치하는 것에 체크하시오.

○ **띄어 읽기**

1. 구(phrase)의 경계에 대한 인식이 거의 없어 단조롭고, 단어마다 띄어 읽음.
2. 2~3개의 단어로 된 구절마다 띄어 읽으나 뚝뚝 끊어지는 듯한 느낌을 주며, 부적절한 강세와 억양으로 문장이나 절의 끝을 드러내지 못함.
3. 문장 끝에서 멈춤이 없이 다음 문장을 읽으며, 문장 중간에서 쉬고, 뚝뚝 끊어지는 듯한 띄어 읽기 등이 섞여 있음. 전반적으로 강세와 억양은 적절함.
4. 전반적으로 구나 절의 의미에 주의를 기울이면서 의미 단위마다 적절하게 띄어 읽음.

○ **읽기 흐름**

1. 자주 길게 쉬고, 망설이고, 잘못 읽기 시작하고, 타진하고, 반복하고, 읽기를 여러 차례 시도함.
2. 글의 어려운 부분에서 방해가 되도록 자주 길게 쉬고, 망설임이 빈번하게 나타남.
3. 때때로 어려운 특정 단어나 구조 때문에 읽기가 끊어짐.
4. 전반적으로 약간의 끊김이 있으나 스스로 고쳐 읽기를 통해 어려운 단어나 구조가 야기하는 어려움을 빠르게 해결함.

○ **속도**

1. 느리고 힘들게 읽음.
2. 중간 정도로 느리게 읽음.
3. 빠른 읽기와 느린 읽기가 고르지 않게 섞여 있음.
4. 지속적으로 대화하는 것처럼 읽음.

평가 서식([그림 5-4])을 이용해 학생의 음독을 유창성의 세 가지 차원 (띄어 읽기, 읽기 흐름, 속도)에서 평가한다.

(7) 관찰한 내용을 기록한 텍스트 복사본을 다차원 유창성 평가지에 첨부한다.

(8) 결과를 해석하고 그것에 따라 수업을 계획한다. 학생의 읽기 유창성 발달을 위한 구체적인 활동은 이 책 전체에 제시되어 있고 대략적인 개관은 1장에서 볼 수 있다.

5) 읽기 속도

읽기 속도(Reading Rate)는 유창성을 구성하는 한 부분에 불과하다. 연구자는 묵독 능력이나 음독 능력을 평가할 때 ('운율'과 관련이 있는) 적절한 속도(해당 텍스트 내에서 요구되는 것에 맞춤), 상대적 정확성, 적절한 띄어 읽기, 억양, 박자, 감정 표현 등을 함께 고려한다. 읽기 유창성은 정적인 과정이라기보다는 동적인 과정이다. 때때로 속도는 독자가 텍스트를 얼마나 잘 처리했는지를 나타낸다. 만약 독자가 익숙하지 않은 단어나 텍스트 구조로 인해 어려움에 직면하게 되면 그 독자는 이해를 위해 텍스트를 충분히 분석할 시간을 가지고자 읽기 속도를 늦추는 경향이 있다. 느리고 어색한 읽기는 또한 독자가 읽기를 메시지를 이해하는 것이라기보다는 '단어를 파악하는 것'으로 생각하고 있음을 드러낸 것일 수도 있다. 대체로 이러한 아동은 능숙한 독자가 되려면 모든 단어를 정확하게 읽어야 한다고 생각한다. 그러나 이는 사실이 아니다! 굿맨이 오래전 (1969)에 언급했듯이, "완벽한 읽기를 추구하는 독자는 오히려 비효율적인 독자이다"(p. 13). 효율적인 독자는 글의 일부분을 토대로 예측하고 확인하면서 글을 읽는다. 그러다가 글이 이해되지 않을 때에는 문제를 해결하기 위하여 어떤 일을 시도한다. 예를 들어, 이해되지 않은 부분을 다시 읽을 수도 있다. 혹은 이어지는 텍스트를 읽으면 이해될 수 있을 것이라고 생각하고 글을 계속해서 읽을 수도 있다.

'빨리 읽는 독자'를 만들기 위해 읽기 속도를 평가하는 것은 우리의 주장과는 거리가 있다. 이와는 달리, 우리는 속도를 학생의 읽기를 나타내는 하나의 특성으로 바라볼 것을 권한다. 가치 있는 텍스트를 읽는 데 초점을 두는 것은 효과적이고 능률적인 독자를 만드는 데 도움이 될 것이다. 우리는 학생이 읽기 목적에 따라 읽기 속도를 조절할 수 있기를 바란다. 예를 들어, 읽기 속도는 특정한 정보를 찾기 위하여 책을 훑어 볼 때와 마음에 드는 구절을 음미할 때에는 서로 달라야 한다. 이를 염두에 두면서, 우리는 다음의 읽기 속도 공식을 제안한다.

$$읽기\ 속도(분당) = \frac{글에\ 있는\ 단어의\ 수}{글을\ 읽는\ 데\ 걸린\ 시간(초)} \times 60$$

우리는 교사가 다양한 상황에서 다양한 형태의 읽기를 수행하는 학생의 읽기 속도를 정해둘 것을 권한다. 어떤 독서 연구자는 해당 학년에 있는 학생이 1분 안에 특정한 양의 단어를 반드시 읽을 수 있어야 한다고 생각한다(Raskinski & Padak, 1996). 그렇지만 교사는 학생에게 빠른 읽기가 좋은 읽기라는 생각을 심어주어서는 안 된다. 중요한 것은 이해인 것이다!

6장

학부모 참여

음독과 관련된 부모와 가족의 참여는 아동 성공의 핵심적인 요소이다. 학부모와의 소통을
촉진하는 방법으로는 학급 소식지, 학부모에게 음독 전략의 노하우 제공하기 등이 있다.
그리고 가정과 학교를 연계하는 방법으로는 독서 백만장자 클럽, 조기 시작 등이 있다.

음독은 학교만의 일이 아니다. 가정에서도 해야 하는 일이다. 실제로 연구에 따르면, 부모와 가족의 참여는 일반적으로 교육 영역에서(Henderson, 1988), 특히 읽기 영역에서(Postlethwaite & Ross, 1992) 아동의 성공을 이끄는 핵심적인 요소이다. (배정된 것을 읽었든 선택한 것을 읽었든) 많이 읽은 학생은 가장 높은 수준의 읽기 성취를 보였다. 이러한 결과는 전혀 이상하지 않다. 결국 학생이 책을 읽을 수 있는 시간은 대부분 방과 후나 방학 때인데, 이것은 모두 집에서 부모의 통제 아래에 있는 시간이다.

학교에서와 마찬가지로, 학생은 집에서 묵독의 방법으로 책을 읽을 필요가 있다. 그러나 책을 소리 내어 읽는 것은 가족의 독서 경험에 중요한 역할을 한다. 가족 구성원들은 책을 읽을 때 좋아하는 시나 마음에 드는 구절을 공유하기 위하여 음독을 사용한다. 음독은 아동에게 가치 있는 텍스트를 다른 사람과 공유할 기회를 제공할 뿐만 아니라 아동과 부모와 책 사이의 정서적인 유대감도 증진시킨다. 사실, 홀더웨이(Holdaway, 1979)가 '책 읽어주기'(자세한 설명은 이 책의 3장 2절 참조)를 시작했을 때, 그는 부모가 가정에서 아동에게 책을 읽어줄

때와 같은 분위기를 만들려고 애썼다. 이 장에서는 음독이 가정에서 부모, 형제자매, 다른 사람들과 함께 사용될 수 있는 방법에 대해 검토할 것이다.

1. 학부모와 소통하는 네 가지 방법

가족의 참여를 위해 계획하고 있는 읽기 프로그램이 무엇이든 간에 소통은 필수적인 요소이다. 학생의 잠재력을 최대로 끌어내기 위해서는 교사, 학부모, 학생이 서로 소통할 수 있어야 한다. 하지만 많은 학교와 교실에서 교사와 부모는 성적표를 주고받거나 학부모-교사 회의에 참여하는 것 이상의 소통을 하지 않는다. 많은 학부모는 때로는 바빠서, 때로는 학교에 대한 좋지 않은 기억으로 인해 교사와 소통하기를 피한다. 반면에 교사는 학부모의 정당하지 않은 비판과 교육에 대한 학부모의 불필요한 간섭을 두려워할 수도 있다. 교사는 학부모가 교육 영역에서 자신의 아이를 가르치기에 적합하지 않다고 생각할 수도 있다. 그리고 교사는 학부모와 효과적으로 소통하는 방법에 대해 배운 적이 없다. 종종 이는 서로 서로를 피하는 결과로 나타난다.

학부모와의 소통은 가정과 학교를 연결하는 첫 번째 단계이다. 다행스럽게도 학부모와 소통할 수 있는 다양한 방법이 있는데, 개인 상담, 전화 상담, 전자우편, 학부모 교사 연합회(PTA) 회의, 쪽지 등을 들 수 있다. 다음은 학부모와의 소통을 촉진할 수 있는 네 가지 방법이다.

1) 학급 소식지

글을 통한 소통은 교사나 학부모 모두에게 친숙할 뿐만 아니라 읽고 쓰는 능력이 일상의 실제적인 목적을 위해 사용될 수 있다는 것을 보여준다. 학급 소식지(Classroom Letter)는 글로 소통하는 유의미한 방법 중 하나이다. 매주나

격주, 또는 매달 발행되는 학급 소식지는 어떤 소식을 실을까? 특히 학생의 읽기·쓰기 학습에 초점을 맞출까? 충분히 그럴 수 있다. 대체로 학급 소식지에는 학부모가 알아야 하는 다음과 같은 다양한 소식이 포함될 수 있다.

- 학교에서 하는 읽기·쓰기 활동
- 가정에서 자녀를 도울 수 있는 구체적 아이디어와 그 설명
- 자녀의 흥미를 끌 만한 신간 도서
- 특별한 읽기 및 쓰기 행사
- 작가 방문
- 자녀가 학습해 온 내용
- 학생이 뽑은 시
- 안내 사항

또한 학급 소식지는 학생의 작품을 싣는 훌륭한 공간이기도 하다. 사실, 교사는 학급 소식지를 활용하여 학생에게 문학 작품이 어떻게 출판되는지를 가르칠 수 있다. 일단 학급 소식지가 확고히 자리 잡히면 학생은 쓰고, 출판하고, 배포함으로써 주인의식을 가질 것이다. 이것은 학생이 즐겁고 진정한 문예 활동에 참여할 수 있는 방법을 보여주는 하나의 사례가 될 수 있다.

2) 가정에서 학급 소식지를 사용하는 방법 설명하기

학급 소식지는 교사가 학부모와 정보를 공유하는 데 사용될 뿐만 아니라, 학부모가 가정에서 자녀의 독서 경험을 늘리기 위한 발판으로 이를 사용할 수도 있다. 예를 들어, 학부모는 자녀에게 학급 소식지의 일부분을 소리 내어 읽어주거나, 필요하다면 특정 정보를 명확하게 설명할 것을 요구할 수도 있다. 자녀는 자신의 읽기가 성장했다는 구체적인 증거로서 학급 소식지의 다른 부분

을 소리 내어 읽을 수도 있다. 4학년 학부모인 바브는 학급 소식지에 대하여 다음과 같이 말한다. "학급 소식지는 정말로 유익해요. 저는 집에서 우리 아이를 어떻게 도울 수 있을까를 항상 고민하지요. 학급 소식지는 정말로 많은 정보를 줘요. 저는 흥미로운 것을 계속해서 읽고 싶기 때문 소식지에 실린 다양한 시나 추천 도서도 좋아해요. 저는 우리 아이가 책 읽기를 즐겼으면 좋겠어요. 저는 항상 좋은 책을 찾고 있어요."

3) 학부모에게 '노하우' 제공하기

앞의 장들에서 우리는 음독을 효과적으로 사용하는 몇 가지 방법에 대해 설명하였다. 예를 들어, '소리 내어 읽어주기', '짝 읽기', '오디오북 읽기', '아동 음독 듣기' 등과 같은 음독 전략은 가정에서 사용하기에도 적합하다. 부모와 자녀가 이러한 활동으로부터 최대치의 효과를 얻을 수 있도록 하기 위해서는 2주에 한 번 정도 해당 전략에 대해 상세히 설명할 필요가 있다. 전략에 대한 설명은 소식지에 싣거나 학부모를 위한 소규모 연수에서 제공할 수도 있다. 연수를 계획한다면 학부모로 하여금 자녀를 데리고 오게 하라. 교사가 해당 전략을 설명한 다음에 교사의 안내에 따라 학부모와 학생이 그 전략을 시도해 볼 수 있다.

4) 학부모를 학교와 가정 모두에 참여시키기

종종 학부모는 교사에게 도움을 주고 싶어 하지만 무엇을 해야 할지 모르거나 교사의 영역을 침범할까 봐 걱정한다. 에밀리 선생, 마샤 선생, 그리고 포티지 초등학교 직원은 학부모를 참여시키는 방법을 제시하고 있다.

(1) 에밀리 선생의 3학년 교실
에밀리 선생은 학부모에게 10월부터 이듬해 5월까지 일주일에 5일 매번

20~30분 정도 자녀에게 책을 읽어줄 것을 요구했다. 바쁜 학부모를 위해서 매달 읽어야 하는 첫 번째 책은 에밀리 선생이 선정했다. 그녀는 다양한 종류의 책을 선택하여 학생이 여러 갈래의 책에 익숙해지도록 하였다. 나탈리 배비트(Natalie Babbitt, 1975)의 『트리갭의 샘물(Tuck Everlasting)』은 학생들에게 집과 학교에서 깊이 있는 토론을 할 수 있게 했다. 3월에 학부모와 자녀는 야구 시즌의 개막을 기념하기 위하여 패트리샤 매키삭과 프레드릭 매키삭(Patricia McKissack & Frederick McKissack, 1994)이 쓴 『블랙 다이아몬드: 흑인 야구 리그에 대한 이야기(Black Diamond: The Story of the Negro Baseball Leagues)』(논픽션)를 읽었다. 5월에 학생들은 전몰장병 추모일(Memorial Day)을 생각하면서 패트리샤 폴라코(Patricia Polacco, 1994)의 『핑크와 세이(Pink and Say)』(역사소설)를 읽었다.

에밀리 선생이 맡고 있는 학급은 학부모 독자 체험(Parent Reader Experience)의 기회도 마련하였다. 2주에 한 번 학부모를 교실에 초대하여 학생들에게 책을 읽어주도록 한 것이다. 학부모가 학생들에게 읽어줄 책을 에밀리 선생이 추천하기도 했지만, 대부분의 학부모는 자신이 좋아하는 시나 소설 일부분을 읽었다. 학부모가 학생들에게 책을 읽어주는 일을 불안하게 여길 경우에는 학생들에게 소리 내어 읽어주는 일 대신 학부모의 직업에서 읽기가 어떤 가치를 가지는지를 학생들에게 말해주도록 하였다.

(2) 마샤 선생의 4학년 교실

마샤 선생은 매달 소식지를 통하여 학부모에게 새로운 음독 전략을 소개하였다. 그리고 학부모에게 그것을 활용하여 자녀와 함께 소리 내어 책을 읽을 것을 요청했다.

10월에 우리는 학부모가 자녀에게 책 읽어주는 일을 시작했습니다. 11~3월에 우리는 '짝 읽기', '합창 읽기', '오디오북 읽기'에 집중했습니다. 4월에 저는 학부모에게 '아동 음독 듣기'를 하도록 요청하였습니다. 특정한 전략이 특정한 달에 수행되는 데에는 별다른 이유는 없습니다. 단지 저는 학부모와 자녀가 여러 방식으로 상호작용함으로써 읽기에 대한 높은 흥미를 유지하게 되기를 희망했습니다. 저는 학부모에게 이런 전략의 가치와 중요성을 확실히 설명해 줍니다. 활동을 수행하는 순서가 특별히 있는 것은 아니지만, 첫 달에는 부모가 자녀에게 책을 읽어 주고, 중간 달에는 부모와 자녀가 함께 읽으며, 마지막 달에는 부모가 자녀의 음독을 듣는 것이 자연스럽습니다. 이러한 활동을 통하여 부모와 자녀는 지속적인 읽기 지원과 읽기 발전을 촉진하는 많은 읽기 전략을 습득합니다.

(3) 포티지 초등학교 직원

포티지 초등학교는 형편이 어려운 노동자 계층의 사람이 많이 살고 있는 지역에 위치해 있다. 이 학교의 교사는 부모 참여, 자녀에게 책 읽어주기, 이른 시기의 읽기·쓰기 경험, 부모가 자녀에게 읽어줄 적절한 읽기 자료의 중요성에 대해 인식하고 있다. 학교 직원은 공공사업의 일환으로 짧은 동요를 많이 포함하고 있는 전래동요(Mother Goose)[1] 책을 모았다. 그리고 학교 직원은 교실 연구를 통해 음소 인식(phonemic awareness)의 중요성과, 두운과 각운이 있는 책이 어떻게 아동의 음소 인식 능력을 자연스럽게 신장시키는가를 알게 되었다. 그들은 소식지를 제작하여 학부모에게 음소 인식의 중요성, 음소 인식을 자연스럽게 신장시키는 방법, 그리고 학부모가 자녀와 함께 즐길 있는 다양한 활동들을 소개하였다.

그들은 소책자와 책자를 만들고, 책자 속에 소책자를 끼워 넣기도 한다. 지금 1년에 여러 차례에 걸쳐 그들은 유치원생을 독서에 흠뻑 빠져들게 하는 90분

---

1 '마더 구스(Mother Goose)'는 전래동요의 전설적 저자를 가리키기도 함.

짜리 수업에 유치원생 학부모를 초대한다. 각각의 학부모는 한 권의 전래동요 책을 가지고 자녀와 함께 읽으라는 권고를 듣고 해당 프로그램을 마친다.

2. 가정과 학교를 연계하는 또 다른 세 가지 방법

다음은 학부모의 참여를 높이기 위해서 고안된 세 가지 특수 프로그램이다. 우리는 자녀가 더 잘 읽을 수 있기를 바라는 바쁜 학부모를 위하여 실행 가능한 방안으로서 이것들을 제시한다.

1) 독서 백만장자 클럽

유능한 교사는 자신이 할 수 있는 모든 것을 동원하여 가정과 학교에서 즐거움과 성장을 위한 독서를 촉진시키고자 한다. 이러한 아이디어를 활용한 프로그램이 '독서 백만장자 클럽(Reading Millionaires Club)'(Baumann, 1995; O'Masta & Wold, 1991)이다. 이 프로그램은 학교와 학급의 모든 학생이 방과 후에 20~30분 동안 책을 읽고서 읽기에 사용된 모든 시간을 합하는 방식이다. 많은 학교에서 이 합계가 백만 분에 이르고 있기 때문에 이 방안을 '독서 백만장자 클럽'이라 부른다. 목표는 7~8개월 내에 백만 분의 읽기를 기록하는 것이다.

(1) 시작하기

학년 초에 교사는 계획하고, 초안을 만들고, 학생과 학부모에게 프로그램을 안내하고, 이 행사를 위한 첫 번째 회의를 계획한다. 교사, 학부모, 학생이 참여하는 1차 학교 전체 회의에서는 7~8개월 내에 백만 분을 읽는다는 결의를 다진다. 학부모는 자녀에게 읽어주기, 자녀의 형제자매에 대해 읽어주기, 짝 읽기와 같은 다양한 방법의 읽기 전략을 자녀와 함께 사용할 수 있다는 말을 듣는다. 모든 학생에게는 주간 일지가 제공되고, 학생은 집에서 책을 읽은 시간과 읽은 책에 대해 기록한다. 학생은 매주 월요일에 일지를 제출한다. 화요일에는 읽은 시간에 대한 통계가 학년과 학교별로 발표된다. 그 통계 수치는 "우리 학교에서 독서의 열기를 높이자!"라는 표제를 단 온도계 그래프로 표시되어, 학교 현관 근처의 복도에 전시되어 있다.

(2) 계속하기

책 읽은 시간을 집계하는 것 외에, 정기적인 모임, 작가 방문, 책 박람회, 금요일 밤 독서 축제(Friday Night Reading Special)와 같은 철야 독서 행사 등이 책 읽기를 지속시키기 위하여 사용된다. 학생은 특히 금요일 밤 독서 축제와 같은 행사를 좋아하는데, 왜냐하면 침낭과 담요를 학교 도서관으로 가져와 책을 읽으면서 '캠핑'을 즐길 수 있기 때문이다.

2) 자막이 있는 텔레비전

자막이 있는 텔레비전(Captioned Television)은 학생의 학습에 영향을 미친다(Koskinen, Wilson, Gambrell, & Newman, 1993). 자막이 있는 텔레비전을 볼 때 학생의 읽기가 향상된다. '오디오북 읽기'(이 책의 4장 3절 참조)처럼, 텔레비전의 내용을 들으면서 자막을 읽는 활동은 학생의 단어 재인과 읽기 유창성에 커다란 영향을 미친다.

정보를 사용하여 학부모를 참여시키도록 하라! 학부모로 하여금 자녀가 텔레비전을 볼 때 자막 기능을 설정하도록 하라. 학부모는 텔레비전 소리를 줄여 자녀가 프로그램의 내용을 이해하는 데 필요한 자막에 주의를 기울이도록 해야 한다.

3) 조기 시작

여러 음독 전략은 활기차고 상호적인 읽기 경험을 창출하기 위해 결합될 수 있다. 라진스키(Rasinski)는 이런 프로그램을 개발해 '조기 시작(Fast Start)'이라고 명명하였다. 라진스키는 학부모 참여를 통하여 초등학생에게 정규적인 읽기·쓰기 학습을 위한 튼튼한 토대를 마련해 주려는 목적으로 이 전략을 개발하였다(Rasinski, 1995). 하지만 이 전략의 원리와 아이디어는 거의 모든 연령과 학년에 적용될 수 있다. 이 전략의 핵심은 학부모를 교육하고 지원하며, 학생과 학부모에게 흥미로운 텍스트를 제공하는 것이다. 이 프로그램은 세 가지의 연구 결과를 토대로 한다.

- 학부모가 자녀에게 큰 소리로 책을 읽어주는 것은 읽기 능력 신장에 긍정적인 영향을 준다(Durkin, 1966).
- '짝 읽기'에서처럼 도움을 제공하면서 책을 읽는 활동은 학생의 읽기 능력 신장에 긍정적인 영향을 미친다(Topping, 1987).
- 자녀의 음독을 정기적으로 들어주는 학부모는 자녀를 좋은 독자로 성장하도록 한다(Hewison & Tizard, 1980).

'조기 시작' 프로그램에 참여하는 저학년 학생의 부모는 학년 초에 오리엔테이션에 참석하여 프로그램과 학부모 참여의 중요성에 대한 설명을 들을 것을 요청받는다. 학부모는 매달 교사가 보내는 읽기 자료 책자를 받게 되는데 매일 하나씩 일주일에 4~5일 학생과 함께 읽으면 된다. 읽기 자료는 주로 학생, 교사, 저명한 시인이 쓴 시이다. 시는 운(rhyme)과 리듬, 반복되는 단어나 구절, 그리고 간결성이라는 특성을 지니고 있기 때문에 이 프로그램을 위한 읽기 자료로 좋은 선택이 된다. 게다가 시는 소리 내어 읽기에 좋다. 시가 지닌 많은 의미는 독자가 읽을 때 보여주는 감정, 목소리, 띄어 읽기를 통해 전달된다. 그러므로 시는 이런 종류의 학부모 참여를 위한 이상적인 텍스트이다. 나이가 어린 아동에게는 놀이방과 함께 말놀이를 할 수 있는 운(rhyme)이 사용되며, 나이가 많은 학생에게는 재미있는 시뿐만 아니라 좀 더 수준이 높은 시도 사용된다. 학부모는 이 프로그램과 관련된 추가적인 아이디어가 담긴 학급 소식지를 받는다. 이 소식지에는 지역 도서관 행사, 학생들이 받으면 즐거워할 추천 도서 등에 대한 정보도 담긴다.

다음은 '조기 시작' 프로그램을 진행하는 순서인데 매일 저녁 15~20분 동안 수행한다.

(1) 감정을 실어 시를 두어 차례 읽는다. 부모의 시 읽는 모습을 자녀가 볼 수 있도록 한다.

(2) 자녀와 함께 시를 두어 차례 읽는다.

(3) 시의 내용과 시에 대한 해석을 이야기한다.

(4) 자녀에게 시를 세 번 소리 내어 읽게 한다. 자녀와 부모가 각각 다른 부분을 읽어도 좋고 같은 부분을 함께 읽어도 좋다.

(5) 시에서 흥미로운 단어를 찾는다. 특별한 특징을 지닌 단어를 찾거나 표시하거나 써 보는 것도 좋다.

(6) 매달 여러 가지 텍스트가 배달되므로 충분히 연습하고 자유롭게 반납한다.

3. 맺음말

학부모와 자녀가 함께 하는 읽기·쓰기 경험은 자녀를 평생 능숙한 독자로 성장시키는 데 엄청난 영향을 끼친다. 우리는 "학부모는 학교의 가장 친한 친구이다"라는 헨더슨(Henderson, 1988)의 말에 진심으로 동의한다.

진정한 음독 경험은 학부모와 자녀가 즐겁고 만족스러운 방식으로 책을 함께 읽을 수 있게 한다. 다시 말하지만, 음독은 학교만의 일이 아니다. 이것은 가정에서 수행하기에도 알맞은 일이다.

7장

음독에 대한 질의·응답

음독에 관하여 궁금하면 어떻게 할 것인가? 돌려 읽기의 시작은? 돌려 읽기를 계속 사용하는 이유는? 돌려 읽기를 벗어날 수 있는 방안은? 음독을 끝내야 하는 학년은 있는가? 등과 같은 질의에 대한 응답을 제시해 본다.

어떤 교사가 음독에 관하여 궁금증을 가지고 있다면 그 교사만 그런 건 아니다. 이 장에서는 음독과 관련하여 자주 제기되는 질문에 대한 답을 제시한다. 어떤 질문은 교사가 한 것일 수도 있고 어떤 질문은 교사가 생각해 보아야 하는 것일 수도 있다. 질문과 답은 모두 가치가 있으며 어떤 특정한 순서로 나열하지는 않았다.

Q: 돌려 읽기(round robin reading)는 어디에서 시작되었는가?

A: 아직까지 이 활동이 어디에서 시작되었는지 알려져 있지 않다(Hoffman, 1987; Hoffman & Segel, 1987). 하지만 연구자는 읽기에 관한 연구를 토대로 근거 있는 추측을 내놓았는데, 그 내용은 다음과 같다. 20세기에 접어들면서 교육자는 읽기를 가르치기 위한 방법으로 이야기를 활용하기 시작했다. 이 방법은 문학 작품 사용하기, (학생에게 유창한 읽기를 들려주기 위한) 교사의 음독, 다른 사람들 앞에서 소리 내어 읽기 위한 음독 연습, 대중 앞에서의 실연 등을 포함한다. 어떤 이들은 이 방법을 찬성했지만 다른 이들은 개별 단어를 학습하

는 것이 더 강조되어야 한다고 주장하면서 반대하였다. 차츰 단어가 학습의 초점이 되었고 학생은 단어를 보고 정확하게 읽는 것으로 평가받았다. 음독은 학생의 발달을 점검하기 위한 기본적인 방법이 되었고, 이것으로부터 돌려 읽기가 시작되었다(Hoffman, 1987).

Q: 돌려 읽기가 학생에게 이롭지 않다면 왜 계속 사용하는가?

A: 초등교사로서의 경험, 수많은 교사와의 상호작용, 이 주제에 대한 연구를 통해 우리는 이것이 계속 사용되는 다섯 가지 주요 이유, 즉 전통, 교실 관리, 읽기 평가, 시간 절약, 돌려 읽기의 대안에 대한 지식 부족을 발견했다.

이유 1: 전통

우리는 신임 교사와 만나면서 돌려 읽기에서 전통이 어떤 역할을 하는지에 대해 알게 되었다. 그들은 다른 교사를 통해 돌려 읽기를 알게 되었고, 비록 몇 가지 대안을 알고는 있었지만 전통을 깨는 것이 '불화를 야기한다'고 생각했다. 몇몇 경력 있는 교사들은 인터뷰 때 이를 확인시켜 주었고, 이는 20년 넘게 지속되어 왔다(Taubenheim & Christensen, 1978). 그들 대부분은 학생을 가르치면서 이 관행을 알게 되었고, 문제를 일으킬 수 있다는 두려움으로 그것을 포기하지 못했다. 점점 그들은 이 관행이 '학생들에게 해로운 것'은 아니라고 믿게 되었고, 그리하여 이것을 지속하였다. 하지만 앞에서 읽었듯이 돌려 읽기는 학생들에게 해로운 것일 수 있다.

이유 2: 교실 관리

우리가 자주 듣는 또 다른 이유는 교실 관리이다. 모든 학생이 같은 시간에 같은 활동을 하면 그들을 더 효율적으로 통제할 수 있을 것이라고 교사는 생각한다. 이러한 생각은 겉으로는 논리적으로 보이지만 학생들을 살펴보면 이와는 정반대임을 알 수 있다. 사실상 우리의 관찰에 따르면, 돌려 읽기는 문제를 해결하기보다는 문제를 일으킬 수 있음을 보여주었다. 많은 학생은 불안해한다. 특히 책을 제대로 읽지 못하는 학생이 소리 내어 읽는 것을 들을 때 더욱 그러하다. 이는 학생으로 하여금 앞부분을 미리 읽거나 책을 가지고 놀거나 산만해지게 함으로써 읽기 과제에서 벗어나도록 만든다. 교사는 모든 학생을 집중시키는 데 시간을 낭비하게 되며, 그 결과 심한 짜증과 좌절을 느끼게 될 수도 있다.

이유 3: 읽기 평가

5장에서 논의했듯이, 교사는 학생의 다양한 읽기 행동을 평가하기 위해 음독을 사용한다. 다른 사람 앞에서 큰 소리로 읽도록 하는 것은 하나의 상황에서 두 가지 목적을 달성하는 것처럼 보인다. 첫째는 학생이 이야기를 읽는 것이고, 둘째는 이와 동시에 교사가 학생의 읽기를 평가하는 것이다. 앞에서 언급했듯이, 교사가 읽기 평가를 위해 음독을 사용할 때에는 특정 조건이 마련되어야 한다. 그중의 하나는 다른 학생의 방해를 받지 않는 것이다. 청중 앞에서 책을 어떻게 읽어야 할지를 충분히 생각하지 않고 '갑자기' 읽는 것은 어렵다. 사실 그것은 학생의 실수를 유발하고 그 학생의 읽기 능력에 관한 타당한 결론을 무효화할 수 있다. 만일 교사가 이러한 결과를 토대로 학생을 위한 수업을 계획한다면 본의 아니게 적절한 수업 방안을 짤 수 없을 것이다.

이유 4: 시간 절약

종종 교사는 학생에게 정해진 수의 이야기를 읽도록 하는 것에 부담을 느낀다. 그러므로 묵독을 시키지 않고 음독을 하도록 하는 것이 시간을 절약하는 것처럼 보인다. 학생은 이야기를 소리 내어 한 번 읽은 후에 다른 이야기로 넘어갈 수 있다. 그러나 1장에서 논의했듯이, 묵독은 음독보다 실제로 더 빠르기 때문에 학생이 묵독할 경우 더 많은 시간을 절약할 수 있다. 또한 연구 결과에 따르면, 묵독은 읽기 능력 향상에 더 긍정적인 영향을 미친다(Armbruster & Wilkinson, 1991).

이유 5: 돌려 읽기의 대안에 대한 지식 부족

이 책 '초판 서문' 시작 부분의 사례에서처럼, 선의의 몇몇 교사는 돌려 읽기의 대안을 알지 못하기 때문에 그것을 계속 사용한다. 다행스럽게도 이 책에는 돌려 읽기의 대안이 많이 제시되어 있다. 그런데 명심해야 할 중요한 점은 학생은 음독보다는 묵독을 많이 해야 한다는 것이다. 묵독할 때 모든 학생이 몰입할 수 있다. 돌려 읽기를 할 때에는 종종 모든 학생이 몰입하지 못한다.

Q: 우리 학생은 돌려 읽기를 싫어하는 것 같지 않다. 오히려 좋아하는 듯하다. 왜 학생이 좋아하는 활동을 하면 안 되는가?

A: 우리는 학생들이 읽기를 즐기길 바란다. 그리고 우리에게는 즐거운 경험을 제공해 줄 수 있는 많은 방법이 있다. 그러나 즐거움만으로는 충분하지 않다. 왜냐하면 학생이 사탕을 좋아할지라도, 우리는 학생에게 사탕을 먹게 하지는 않기 때문이다. 학생 중심 교실은 학생이 원하는 대로 하는 교실이 분명코 아니다. 교사는 가장 효과적인 수업 전략을 사용하여 모든 학생의 학습을 촉진시켜야 할 책임을 가지고 있다. 예컨대 앞에서 언급했듯이, 모든 학생에게 돌려 읽기를 따라하게 하는 것은 학생의 읽기 능력을 신장시키기보다는 저해한다 (1장 참조). 교사는 모두에게 이로운 효과적인 수업을 계획할 때 이러한 지식을 사용해야 한다. 그러면 학생은 그 기대에 부응할 것이다.

Q: 돌려 읽기를 하지 않는다면 언제 학생을 평가해야 하는가?

A: 교사는 학생들이 묵독하는 사이에 읽기를 평가할 수 있다. 만약 학생들이 작은 모둠에서 묵독을 하고 있다면, 각각의 학생을 차례로 옆으로 불러 교사 앞에서 해당 페이지를 읽게 할 수 있다. 교사는 예전에 사용했던 방식이나 5장에서 제시된 방식을 사용하여 학생의 읽기에 대한 평가를 할 수 있다. 또 다른 방법은 학생이 개별적으로 책을 읽는 동안에 평가하는 것이다. 학생들이 책 읽

기에 열중하고 있을 때, 개별 학생에게 책을 읽어달라고 할 수 있다. 진실로 날마다 모든 학생을 평가할 수 없을지 모르지만, 일주일에 한 번 모든 학생을 평가하는 일정을 수립할 수는 있다. 매일 여섯 명의 학생을 평가하는 것을 목표로 삼도록 하라. 그러면 주말에 모든 학생에 대한 평가를 마칠 수 있을 것이다. 다른 때, 즉 평가 기간의 끝에는 학생을 보다 세밀하게 평가할 수 있다. 이와 관련해 5장에서 제시된 평가 절차와 평가 서식을 사용할 것을 추천한다.

Q: 오랫동안 돌려 읽기를 사용해 왔기 때문에 한 번에 그만두기가 좀 두렵다. 점차적으로 벗어날 수 있는 방안이 있는가?

A: 하나의 교수 전략(teaching strategy)을 다른 것으로 바꾸는 것은 위험할 수 있는데, 기본적으로 새로운 교수 전략이 학생에게 효과적이어야 하기 때문이다. 시도해 볼 때까지 그것을 확신할 수는 없지만, 이는 이제까지 우리가 알고 있는 유일한 방법이다. 과거의 아이디어를 대체하거나 강화하는 데에는 분명히 많은 용기가 필요하다. 다음은 이러한 바꿈을 쉽게 하는 두 가지 방법이다.

① 묵독을 위한 계획

수업의 '읽기 전 활동(before reading)' 부분에서 배경지식을 구축하고 읽기의 목적을 설정한 후, 수업의 '읽기 중 활동(during reading)' 단계에서는 학생들로 하여금 이야기 전체를 묵독으로 읽게 한다. 모든 학생이 읽기를 마치면 한 명을 제외한 나머지 학생은 책을 덮는다. 한 학생이 이야기의 일부분을 읽으면 나머지 학생은 그 이야기를 듣고 마음속으로 그림을 그린다. 이것은 능숙한 학생이 글을 읽을 때 사용하는 기술, 즉 글의 내용을 시각화하는 것을 익힐 기회를 모든 학생에게 제공한다. 한 학생이 읽기를 마치면 다음 학생에게 책을 건네주고 읽게 한다. 학생들이 이야기를 모두 읽을 때까지 이러한 과정을 계속한다.

② 좀 더 합목적적인 다른 음독 전략으로 돌려 읽기 대체하기

예를 들자면, 해당 텍스트에 대한 학생들의 이해를 점검하기 위해 '답을 찾으며 읽기'(이 책의 2장 7절 참조)를 사용한다. 또 다른 음독 활동에 대해서는 2장과 3장을 참고하라.

Q: 학생이 묵독을 하는 경우, 학생이 읽고 있다는 것을 어떻게 알 수 있는가?

A: 학생들에게 책임감을 가지게 하라. 여기에는 다음의 네 가지 방법이 있다.

① 학생의 마음을 사로잡을 수 있는 이야기를 읽게 한다

흥미롭고 잘 쓰인 이야기를 읽는 것은 학생을 독서로 이끄는 가장 좋은 방법이다. 학생은 이야기를 읽을 수밖에 없을 것이다. (아동 도서의 출발점으로 '참고문헌'의 아동 도서를 참조하라. 독서를 하고 싶도록 만드는 또 다른 책에 대해서는 책 뒤의 '음독 전략별 추천 도서' 중 3장과 관련된 추천 도서, 즉 '수정된 라디오 읽기'에서부터 '시 클럽'까지의 추천 도서를 주목하라.)

② 학급 토론이나 모둠 토론을 하게 한다

읽은 내용을 다른 학생과 토론하게 함으로써 자신의 이해를 드러내게 한다.

③ 학생에게 응답 일지를 제공한다

응답 일지는 학생이 자신의 생각을 기록할 수 있는 공책이다. 대체로 스프링 공책이 사용되지만 교사가 만든 공책(예컨대, 두 장의 판지 사이에 백지를 넣고 스테이플러로 찍어 만든 공책)이 사용되기도 한다. 책을 읽고 이해했다는 것을 드러내도록 하는 다양한 과제를 학생에게 부과하라. 학생은 글을 요약할 수도 있고, 독서의 목적에 부합하는 세 가지 주요 아이디어를 기록할 수도 있고, 등장인물에 대한 스케치를 할 수도 있고, 이야기 지도(즉, 등장인물, 문제 상황, 해결책

등과 같은 이야기 요소를 보여주는 도표)를 만들 수도 있다.

④ 관찰한다

읽기 목적을 정한 다음, 필요에 따라 도움을 주면서 학생의 읽기를 앉아서 관찰한다. 관찰을 통해 학생에 대한 엄청난 양의 정보를 얻을 수 있을 것이다. 관찰할 때 5장에 있는 질문을 활용하라. 또는 다음의 질문을 사용할 수도 있다. 어떤 학생이 흥미를 보이며 책 덮기를 꺼려하는가? 어떤 학생이 조금만 도와주면 책을 읽을 수 있는가? 누가 도움을 필요로 하고, 어떤 형태의 도움(단락 이해, 단어 식별 등)을 필요로 하는가? 어떤 학생이 읽기를 마치고 내용에 대해 토론하기를 원하는가?

Q: 학생들이 묵독할 경우 어떤 학생은 다른 학생보다 빨리 읽을 것이다. 먼저 읽은 학생은 다른 학생이 다 읽을 때까지 기다리며 지루해하지 않을까?

A: 그렇다. 학생은 어른과 같다. 학생은 서로 다른 속도로 읽을 것이며, 몇몇 학생은 다른 학생보다 빨리 읽을 것이다. 하지만 이것은 문제가 되지 않는다. 사실, 이것은 더 많이 학습할 기회를 창출할 것이다. 다음의 사항을 참고하라.

① 학생이 소규모 모둠으로 책을 읽는 상황일 경우

읽기 전에 학생에게 다 읽고 나서 읽은 것에 대한 반응을 써야 한다고 말한다. 교사는 학생이 책을 읽기 전에 가졌던 특정 질문에 대한 답을 찾아서 쓰게할 수도 있다. 예상이 적중했는가? 저자는 독자에게 어떤 실마리를 제공하여 수수께끼를 풀도록 했는가?

② 읽기 지도 시간 동안 학생이 또다시 모둠으로 책을 읽을 읽는 상황일 경우

학생에게 읽기 지도 시간에 개별적으로 읽을 책을 가져오게 한다. 읽기 지

도를 받은 학생은 모둠 구성원 모두에 대한 교사의 읽기 지도가 끝날 때까지 가지고 온 책을 읽는다. 읽기 지도가 모두 끝나면 토론을 한다.

③ 학생들이 교사의 별다른 지시 사항 없이 책을 읽는 상황일 경우

교사는 학생들이 완수해야 할 다양한 과제를 부과한 다음 일단 학생들이 과제로 할당된 부분을 묵독으로 읽게 한다. 이러한 활동은 교실의 다양한 읽기·쓰기 센터를 방문하는 것에서부터 몇 가지 응답 일지를 작성하는 것에 이르기까지 다양하다.

Q: 한 학생이 읽는 동안에 다른 학생이 뒤따라 읽는 것이 허용되는 때는 언제인가?

A: 돌려 읽기는 여러 가지 문제를 가지고 있지만 한 학생이 읽는 동안 다른 학생이 뒤따라 읽는 것이 허용되거나 바람직할 때가 있다. 이 방법은 음독과 묵독을 결합한 또 다른 '소리 내어 읽어주기(Read-Aloud)'이며 특정한 목적, 예를 들면 유창성을 발달시키는 것을 위해 필요하다. 아마도 교사는 책을 유창하게 읽지 못하는 몇몇 학생을 가르치고 있을 것이고 그 학생들이 유창하게 읽기를 바랄 것이다. 이 경우, 교사는 학생이 교사의 선례를 따라오도록 '소리 내어 읽어주기'를 함으로써 유창하게 읽는 모델을 제공할 수 있다. 또한 교사는 유창하게 읽는 시범을 보일 한 학생을 선택할 수도 있다. 이 책에 소개되어 있는 여러 음독 활동은 '소리 내어 읽어주기'를 하는 동안 학생들이 텍스트를 따라 읽도록 하는 활동이다. 이런 음독 전략에는 3장의 '독자 극장', '합창 읽기', '책 읽어주기'와 4장의 '짝 읽기', '유창성 발달 수업'도 포함된다. 테이프 또는 CD 이야기와 컴퓨터 프로그램은 학생이 유창성 및 여타의 읽기 기능과 읽기 전략을 발달시킬 수 있도록 음독과 묵독을 결합하는 또 다른 방법이다.

Q: 학생이 음독할 때 실수(오독)할 경우 교사는 무엇을 해야 하나?

A: 이 질문에 대한 답은 교사의 음독 목적에 달려 있다. 만약 음독의 목적이 공유하기와 실연하기에 있다면 공유하기와 실연하기가 계속될 수 있도록 학생이 오독할 경우 고쳐 읽도록 하라. 만약 음독의 목적이 평가에 있다면 오독을 기록하라. 교사는 오독을 분석하여 독자로서 발전이 필요한 학생에게 알맞은 수업을 계획할 수 있다. 이와 관련해서는 5장을 참조하라.

Q: 여러 음독 전략을 결합하여 사용할 수 있는가?

A: 물론이다! 모든 좋은 수업에서처럼 음독 전략을 결합하는 이유와 때, 방법을 아는 것이 매우 중요하다. 예를 들어, 교사가 학생의 유창성과 읽기 이해를 신장시키면서 동시에 공동체 의식을 고취하기를 바란다고 가정해 보자. 그럴 경우 교사는 이 책에 제시된 다양한 음독 전략을 검토한 후 그 시작으로 학생들에게 책을 묵독하게 하라. 그리고 학생들을 짝지어 서로에게 책을 읽어 주게 하라. 그런 다음 교사가 소리 내어 읽음으로써 유창하면서 감정을 실은 읽기의 모범을 보이며 학생들에게 따라 읽게 하라. 마지막에는 학생들이 '합창 읽기'를 하게 하라.

Q: 음독을 사용해서는 안 된다고 말하는 동료에게 어떻게 반응해야 하는가?

A: 아마도 동료가 음독을 하지 말라는 것은 돌려 읽기를 하지 말라는 말일 것이다. 이것이 옳다면 1장에서 제시된 이유를 떠올리며 동료의 주장에 전적으로 동의한다. 만약 동료가 음독 모두를 사용해서는 안 된다고 말한 것이라면 동의하지 말아야 한다. 우리는 음독이 필요한 논리적 근거와 읽기 유창성을 발달시킬 수 있는 구체적인 전략을 제시한 바 있다. 동료에게 음독이 유익하다는 것을 보여주기 위하여 이 두 가지를 모두 거론하라.

Q: 음독과 묵독의 균형을 유지해야 하는가?

A: 그렇지 않다. 묵독을 강조하는 것이 좋다. 왜냐하면 묵독은 궁극적으로 글을 빨리 읽는 방법일 뿐만 아니라 학생이 얼마나 자주 읽는지를 보여주는 최선의 방법이기 때문이다. 묵독은 음독보다 학생의 읽기 성취에 더 적극적으로 관련되어 있다. 1장에서 언급했듯이, 음독은 특정한 목적을 위하여 사용된다.

아틀리(Artley, 1972)는 "좋은 목적도 없고 구성원 모두가 책 내용을 이미 알고 있다면 소리 내어 읽을 필요가 없다. 모든 아동이 매일 소리 내어 읽어야 한다는 규정은 전혀 없다."(p. 49)고 하였다. 또한 아틀리는 묵독이 실제로 음독의 토대라는 점을 상기시킨다. 즉, 독자는 묵독하는 동안 저자의 생각을 재구성하고 텍스트에 대해 느낌을 가진다. 그런 다음, 이는 음독을 통하여 관심 있는 청자에게 전달된다.

Q: 음독을 끝내야 하는 특정한 학년이 있는지?

A: 아니다. 음독은 초등학교 1~2학년 때에 더욱 널리 실행되는데, 학생이 글을 깨우칠 수 있도록 교사가 빈번하게 책을 소리 내어 읽어주기 때문이다. 음독이 더 자주 사용되는 또 다른 이유는 묵독은 언어적 과정이며 오랜 시간 학습되는 행위이기 때문이다. 1학년 교사였던 마이클 선생은 학생에게 소리 내지 않고 읽는 방법을 가르쳤는데 자신에게 소리 내어 읽기에서 시작해, 속삭이면서 읽기, 입만 움직이며 읽기, 그리고 들리지 않게 속으로 읽기의 과정으로 진행되었다. 하지만 학창 시절뿐만 아니라 살아가면서 음독이 필요할 때가 있다. 최근에 마이클은 어떤 시상식에 참여해 시상하는 사람이 수상자의 공적을 소리 내어 읽는 것을 보았다. 다시 음독의 목적으로 돌아가 보자. 왜 5학년 교사는 학생들에게 소리 내어 읽으라고 요구하는가? 아마도 그 교사는 학생들이 다른 학생과 책 읽기를 공유하거나 실연하기를 바라거나 학생들의 읽기를 평가하고자 하기 때문일 것이다. 즉, 목적이 행동을 이끄는 것이다.

음독 전략별 추가 추천 아동문학 작품

사고 구술

Crowe, C. (2008). *Turtle Girl*. Honesdale, PA: Boyds Mills.

Diakite, B. W. (2003). *The Magic Gourd*. New York: Scholastic.

Hoyt-Goldsmith, D. (1997). *Potlatch: A Tsimshian Celebration*. New York: Holiday House.

Kramer, S. P. (1999). *Eye of the Storm*. New York: Penguin.

Lester, J. (2003). *Shining*. Orlando, FL: Harcourt.

Rucki, A. (1998). *When the Earth Wakes*. New York: Scholastic.

Trueman, T. (2008). *Hurricane*. New York: HarperCollins.

Turtle, E. W. (1997). *Full Moon Stories: Thirteen Native American Stories*. New York: Hyperion.

이미지 유도

Banks, K. (2008). *Max's Dragon*. New York: Farrar, Straus & Giroux.

Bernhard, E. (1997). *Prairie Dogs*. Orlando, FL: Harcourt.

Cleary, B. (2000). *Dear Mr. Henshaw*. New York: HarperCollins.

Golding, T. M. (2008). *Niner*. Asheville, NC: Front Street.

Hiscock, B. (2008). *Ookpik: The Travels of a Snow Owl*. Honesdale, PA: Boyds Mills.

Wardlaw, L. (1997). *Punia and the King of Sharks*. New York: Dial.

Wheeler, L. (2003). *One Dark Night*. San Diego, CA: Harcourt.

안내된 듣기 사고 활동

Ada, A. F. (1998). *The Malachite Palace*. New York: Atheneum.

Borden, L. (1998). *Good-Bye Charles Lindbergh*. NewYork: Simon & Schuster.

Bunting, E. (2008). *Mouse Island*. Honesdale, PA: Boyds Mills.

Chichester, E. C. (2003). *Follow the Leader*. New York: Margaret K. McElderry Books.

Christelow, E. (2003). *Vote!* New York: Clarion.

Cronin, D. (2004). *Duck for President*. New York: Atheneum.

England, L. (1998). *The Old Cotton Blues*. New York: Margaret K. McEIderry Books.

Feldman, J. (2008). *The Golly Whopper Games*. New York: Greenwillow.

Frost, H. (2008). *Monarch and Milkweed*. New York: Atheneum.

Glassman, P. (2003). *My Dad's Job*. New York: Simon & Schuster.

Isadora, R. (2008). *The Fishermen and His Wife*. New York: G. P. Putnam's Sons.

Janulewicz, M. (1997). *Yikes! Your Body, Up Close!* New York: Simon & Schuster.

Munsch, R. (2003). *Lighthouse: A Story of Remembrance*. New York: Scholastic/Cartwheel Books.

Nivola, C. (2008). *Planting the Trees of Kenya*. New York: Farrar, Straus & Giroux.

Thomas, P. (2008). *Farmer George Plants a Nation*. Honesdale, PA: Calkins Creek.

문장부호 생각하며 읽기

Adler, D. A. (1998). *Chanukay in Chelm*. New York: HarperCollins.

Appelt, K. (1996). *Watermelon Day*. New York: Macmillan.

Borton, L. (1997). *Junk Pile!* New York: Philomel.

Goldfinger, J. P. (2007). *My Dog Lyle*. New York: Clarion.

Lakin, P. (2007). *Rainy Day*. New York: Dial.

Lewis, J. P. (1997). *The La-Di-Da Hare*. New York: Atheneum.

Lobel, A. (2008). *Hello, Day!* New York: Greenwillow.

Mayer, B. (2008). *All Aboard!* New York: Margaret K. McElderry Books.

Plourde, L. (2008). *Science Fair Day*. New York: Dutton.

Rogers, P. (1996). *Cat's Kittens*. New York: Viking.

Shipton, J. (1999). *What If?* New York: Dial.

Stainton, S. (2007). *I Love Cats*. New York: Katherine Tegen Books.

Willis, J. (2005). *Gorilla! Gorilla!* New York: Atheneum.

Wong, J. S. (2007). *The Dumpster Diver*. Cambridge, MA: Candlewick.

등장인물처럼 말하기

Bluthenthal, D. C. (2003). *I'm Not Invited*. New York: Atheneum.

Bottner, B. (2003). *The Scaredy Cats*. New York: Simon & Schuster.

Dewdney, A. (2007). *Llama, Llama Mad at Mama*. New York: Viking.

Graff, L. (2008). *The Life and Crimes of Bernetta Wallflower*. New York: Laura Geringer Books.

Kuskin, K. (2005). *So, What's It Like to Be a Cat?* New York: Atheneum.

Littlesugar, A. (1997). *Jonkonnu.* New York: Philomel.

McGhee, A. (2004). *Mrs. Watson Wants Your Teeth.* Orlando, FL: Voyager.

Shepard, A. (1998). *The Crystal Heart: A Vietnamese Legend.* New York: Atheneum.

Skarmeta, A. (2003). *The Composition.* Toronto, ON: Groundwood Books.

Thompson, K. (2005). *Eloise: The Absolutely Essential 50th Anniversary Edition.* New York: Simon & Schuster.

신속한 정보 탐색 읽기

Aronson, M. (2007). *Up Close: Robert F. Kennedy.* New York: Puffin.

Gibbons, G. (2007). *Snakes.* New York: Holiday House.

Horenstein, H. (1997). *Baseball in the Barrios.* Orlando, FL: Gulliver.

Hoyt-Goldsmith, D. (2008). *Cinco de Mayo, Celebrating the Traditions of Mexico.* New York: Holiday House.

Hurmence, B. (1997). *Slavery Time: When I Was Chillun.* New York: Putnam.

Lewin, T. (2003). *Lost City: The Discovery of Machu Picchu.* New York: Philomel.

Pringle, L. (2008). *Sharks! Strange and Wonderful.* Honesdale, PA: Boyds Mills.

Robinet, H. G. (1997). *The Twins, the Pirates, and the Battle of New Orleans.* New York: Simon & Schuster.

Seidensticker, J. (2008). *Predators.* New York: Simon & Schuster.

Urbigkit, C. (2008). *The Shepherd's Trail.* Honesdale, PA: Boyds Mills.

Vanasse, D. (2004). *The Distant Enemy.* Anchorage, AK: Todd Communications.

답을 찾으며 읽기

Ashman, L. (2003). *Rub-a-Dub Sub.* Orlando, FL: Harcourt.

Fitzgibbon, M. (2008). *Amazing Wonders Collection: Tyrannosaur.* Cambridge, MA: Candlewick.

George, L. B. (2005). *The Secret.* New York: Greenwillow.

Hamilton, L. (2008). *Horse: The Essential Guide for Young Equestrians.* Cambridge, MA: Candlewick.

Suen, A. (2003). *Raise the Roof!* New York: Viking.

Swanson, S. M. (2008). *To Be Like the Sun.* Orlando, FL: Harcourt.

Walsh, J. P. (1997). *When I Was Little Like You.* New York: Viking.

수정된 라디오 읽기

Eaton, J. C. (2008). *The Facttracker*. New York: HarperCollins.

Evans, D. (2004). *MVP: Magellan Voyage Project*. Honesdale, PA: Front Street.

책 읽어주기

Busby, A. (2003). *Drat That Fat Cat!* London: Arthur Levine.

Horacek, P. (2007). *Butterfly, Butterfly*. Cambridge, MA: Candlewick.

Kimmel, E. C. (2003). *What Do You Dream?* Cambridge, MA: Candlewick.

Merz, J. J. (2007). *Playground Day!* New York: Clarion.

Steggall, S. (2008). *The Life of a Car*. New York: Holt.

Wilson, K. (2008). *Hilda Must Be Dancing*. New York: Aladdin.

합창 읽기

Baker, K. (2007). *Hickory Dickory Dock*. Orlando, FL: Harcourt.

Baker, K. (2008). *Potato Joe*. Orlando, FL: Harcourt.

Barrett, J. (2008). *Never Take a Shark to the Dentist and Other Things Not to Do*. New York: Atheneum.

Berry, L. (2008). *Duck Dunks*. New York: Holt.

Birney, B. (1996). *Pie's in the Oven*. New York: Houghton Mifflin.

Emmett, J. (2006). *She'll Be Coming Round the Mountain*. New York: Atheneum.

Grossnickle, A. H. (2008). *One, Two, Buckle My Shoe*. Orlando, FL: Harcourt.

Rodda, E. (1997). *Yay!* New York: Greenwillow.

Rylant, C. (2008). *Puppies and Piggies*. Orlando, FL: Harcourt.

독자 극장

George, L. B. (2006). *In the Garden: Who's Been Here?* New York: Greenwillow.

Hall, D. (1994). *I Am the Dog, I Am the Cat*. New York: Dial.

Johnson, A. (1989). *Tell Me a Story, Mama*. New York: Scholastic.

Lobel, A. (1983). *Fables*. New York: HarperCollins.

Raschka, C. (2007). *Yo! Yes?* New York: Scholastic.

Urbanovic, J. (2008). *Duck Soup*. New York: HarperCollins.

시 클럽

Asch, F. (1996). *Sawgrass Poems*. Orlando, FL: Harcourt Brace.

Branwell, Y. M. (2008). *We Are One*. Orlando, FL: Harcourt.

Cheng, A. (2008). *Where the Steps Were*. Honesdale, PA: Wordsong.

Dakos, K. (1990). *If You're Not Here, Please Raise Your Hand*. New York: Simon & Schuster.

De Fina, A. (1997). *When a City Leans Against the Sky*. Honesdale, PA: Wordsong.

Fleischman, P. (1989). *I Am Phoenix: Poems for Two Voices*. New York: HarperCollins.

Florian, D. (1996). *On the Wing*. Orlando, FL: Harcourt Brace.

Florian, D. (1997). *In the Swim*. Orlando, FL: Harcourt.

Herrick, S. (2005). *Naked Bunyip Dancing*. Asheville, NC: Front Street.

Hopkins, L. B. (1996). *School Supplies*. New York: Simon & Schuster.

Hughes, L. (1994). *The Dream Keeper and Other Poems*. New York: Scholastic.

Johnston, T. (1996). *Once in the Country*. New York: Putnam.

Lawson, J. A. (2006). *Black Stars in a White Night Sky*. Honesdale, PA: Wordsong.

Robb, L. (1997). *Music and Drum*. New York: Philomel.

Singer, M. (2003). *Fireflies at Midnight*. New York: Atheneum.

VanWassenhove, S. (2008). *The Seldom-Ever Shady Glades*. Honesdale, PA: Wordsong.

Vestergaard, H. (2007). *I Don't Want to Clean My Room: A Mess of Poems About Chores*. New York: Dutton.

Yolen, J. (1995). *Alphabestiary: Animal Poems from A to Z*. New York: St. Martin's.

오디오북 읽기

Danziger, P. (1997). *The Amber Brown Collection*. Read by A. Witt. Westminster, MD: Listening Library.

Davies, N. (2008). *Bat Loves the Night*. Cambridge, MA: Candlewick.

Davies, N. (2008). *Big Blue Whale*. Cambridge, MA: Candlewick.

Davies, N. (2008). *One Tiny Turtle*. Cambridge, MA: Candlewick.

Davies, N. (2008). *Surprising Sharks*. Cambridge, MA: Candlewick.

French, V. (2008). *Growing Frogs*. Cambridge, MA: Candlewick.

Gleitzman, M. (2004). *Girl Underground*. Read by M.-A. Fahey. Victoria, Australia: Bolinda Audio.

Hansard, P. (2008). *A Field Full of Horses*. Cambridge, MA: Candlewick.

Osborne, M. P. (2000). *The Magic Treehouse Collection*. Read by M. P. Osborne. New York: Imagination Studio.

Snicket, L. (2004). *The Bad Beginning: A Series of Unfortunate Events*, Book the First. Read by T. Curry. Westminster, MD: Listening Library.

유창성 발달 수업

Calmenson, S. (2008). *Jazzmatazz!* New York: HarperCollins.

Cameron, A. (1989). *The Stories Julian Tells*. New York: Random House.

Ireland, K. (2003). *Don't Take Your Snake for a Stroll*. San Diego, CA: Harcourt.

Snow, A. (2007). *The Snack Smasher and Other Reasons It's Not My Fault*. New York: Atheneum.

음독 전략별 추천 웹사이트

신속한 정보 탐색 읽기/답을 찾으며 읽기

www.eduhoundsitesets.com

이 누리집(Eduhound Site Sets)은 주제 기반의 온라인 자료를 철저히 수집해 교육자가 교실에서 구현할 수 있도록 한다. 이 누리집은 종종 타임 포 키즈(Time for Kids)의 미니레슨과 링크되어 있어서 '신속한 정보 탐색 읽기' 전략의 사용을 가능하게 하고 이득을 가져다주는 추가 활동을 제공한다.

www.ipl.org/div/kidspace

이 누리집(Kidspace at The Internet Public Library)은 잘 정리된 자료 모음을 주제별로 제공한다. 이 누리집은 학생과 교사에게 정보 텍스트를 다양한 내용의 읽기 수업에 통합할 많은 기회를 제공한다.

독자 극장/합창 읽기

www.aaronshep.org

이 누리집(Aaron Shepard's Home Page)은 다양한 방식의 스토리텔링, 출판하기, 함께 하는 읽기·쓰기 등을 통하여 독서에 대한 인상적인 열정을 불러일으키기 위하여 교사와 학부모에게 다양한 대본, 조언, 기타 자료를 제공한다. 비록 누리집의 대부분이 '독자 극장'에 초점이 맞추어져 있긴 하지만 이 누리집 운영자인 셰퍼드(Shepard)는 해석적 '소리 내어 읽어주기(read-aloud)'를 통하여 모든 연령대의 관심을 끌 수 있도록 영역을 확장하고 있다.

시 클럽

www.poetry4kids.com

이 누리집(Kenn Nesbitt's Children's Poetry Playground)은 아동에게 문자화된 시뿐만 아니라 팟캐스트를 통하여 시인이 읽어주는 시를 즐길 수 있는 많은 기회를 제공한다. 또한 이 누리집은 게임, 조언, 출판 공간, 압운 사전과 같은 특징적인 자료를 제공하여 아동이 시를 쓸 수 있도록 지원하고 격려한다.

www.poetryarchive.org

이 누리집(The Poetry Archive)은 시인이 자신의 시를 읽는 소리를 녹음한, 역사에 남을 만한 최근 자료를 자랑스럽게 제공한다. 이 누리집은 특별히 초등학생을 위해 로알드 달(Roald Dhal), 발레리 블룸(Valerie Bloom), 마이클 로젠(Michael Rosen) 등 자신의 작품을 열성적으로 공유하고자 했던 시인과 연결된 공간을 별도로 가지고 있다. 이 누리집에서 교사, 사서, 학부모, 아동은 수많은 시와 시인의 전기를 읽을 수 있고, 시인이 자신의 작품에 대해 이야기하는 것을 들을 수 있으며, 시인이 인터뷰하는 모습을 보고 들을 수 있다.

소리 내어 읽어주기/돌아가며 읽기

www.childrenlibrary.org

이 누리집(International Children's Digital Library: A Library for the World's Children)은 쉽게 사용할 수 있는 인터페이스를 통하여 45개 이상의 상이한 문화로부터 온 수천 종의 디지털 텍스트를 제공한다. 사용자는 자료 형식, 언어, 연령대, 출판일 등에 따라 자료를 검색할 수 있다. 이 누리집은 문학 작품의 세계적·역사적 측면을 이해할 수 있는 기회를 제공하기 때문에 영어 학습자를 가르치는 교사와 모든 연령대의 학생에게 유용하다. 다양한 문화적 배경을 지닌 학생, 교사, 학부모는 이 누리집에서 함께하고 싶은 자료를 찾아서 '소리 내어 읽어주기'나 '돌아가며 읽기'를 할 수 있다.

www.storylineonline.net

이 누리집(Storyline Online)은 아동 도서를 소리 내어 읽어주는 배우 협회(Screen Actors Guild) 회원이 참여하는 온라인 스트리밍 비디오 프로그램이다. 숀 애스틴(Sean Astin), 일라이저 우드(Elijah Wood), 제이슨 알렉산더(Jason Alexander) 등 아동과 어른에게 잘 알려진 배우가 데이비드 섀넌(David Shannon)의 『줄무늬가 생겼어요(A Bad Case of Stripes)』, 패트리샤 폴라코(Patricia Polacco)의 『고맙습니다, 선생님(Thank You, Mr. Falke)』 등 즐겁게 듣고 본 작품을 이야기하면서 시청자에게 자신의 독서에 대한 사랑과 연기에 대해 이야기하는 것을 볼 수 있다.

www.bookwink.com

이 누리집(bookwink)은 3학년에서 8학년 아동들의 영감을 자극하여 그들의 흥미를 발견하게 하고, 이 연령대의 독자들에게 적합한 팟캐스트 책 이야기와 주석이 달린 탐색하기 쉬운 참고 텍스트를 제공한다. 이 시기가 평생 독서에 영향을 미치는 결정적인 시기임을 고려할 때, 이 학생 친화적인 누리집은 명확하고 집중적인 디자인으로 많은 것을 제공해야 한다.

복합적인 전략들

www.readwritethink.org

이 누리집(Read, Write, Think)은 학생과 교사에게 읽기 수업과 언어 수업의 질 높은 수업 자료를 제공한다. 국제독서협회(International Reading Association)와 전국영어교사협의회(National Council of Teachers of English)가 공동으로 개발한 이 누리집은 학년별 활동과 연계된 웹 기반의 다양한 학습 지도안을 제공할 뿐만 아니라, '소리 내어 읽어주기', '짝 읽기', '유창성 발달 수업', '책 읽어주기', '독자 극장' 등과 같은 활동을 제공한다. 많은 학습 지도안은 교과를 통합하는 읽기 수업과 읽기 전략의 사용을 강조한다.

www.readingrockets.org

이 누리집(Reading Rockets)은 어린 학생에게 읽기 전략, 읽기 수업, 읽기 활동과 관련된 풍부한 자료를 제공하여 글을 읽는 법과 글을 더 잘 읽는 법을 가르쳐주기 위해 만들어졌다. 이 누리집의 읽기 자료는 읽기를 위한 기초가 부족하거나 읽기 능력을 발달시키는 데 추가적인 도움이 필요한 읽기 부진 아동을 가르치는 학부모와 교사에게 유용하다. 이들 자료는 교사와 학부모에게 미국 공영 방송(Public Broadcasting Service: PBS)의 특별 프로그램, 팟캐스트, 웹캐스트, 연구 논문 링크, 아동문학 작품 안내, 독서 행사 등과 같은 다양한 형태로 제공된다.

www.busyteacherscafe.com/unit.htm

이 누리집(Busy Teacher's Café Theme Units, Lessons, and Activities)은 교사에게 '독자 극장'이나 '유창성 발달'과 같은 개념에 대한 개관을 하기 위하여 만들어진 온라인 카페의 한 구역이다. 이런 정보와 함께 이 누리집의 테마 단위들(theme units)에서 제공하는 수많은 링크 목록은 교사에게 온라인 '소리 내어 읽어주기', 인기 있는 아동문학 작품으로 만들어진 '독자 극장' 대본, 다양한 음독 평가 서식, 재사용할 수 있는 학습 지도안 양식 등과 같은 정보에 접근할 수 있도록 한다.

www.scholastic.com

스콜라스틱(scholastic)은 학생, 교사, 학부모가 모두 평생 독자로 발전할 수 있도록 돕기 위하여 질 높은 아동문학 작품을 출판하는 것을 넘어 학생의 읽기 · 쓰기 교육에 적극 참여하고 있다. 스콜라스틱 누리집은 자료를 교사, 부모, 아동이라는 세 범주로 분류하고 있다. 음독 전략을 적용하는 것과 관련하여 가장 흥미로운 자료는 '소리 내어 읽어주기' 활동의 효과를 뒷받침하는 실용적인 조언과 연구 논문이다. 아울러 같은 주제로 짝지어진 허구적인 이야기(fiction)와 사실적인 이야기(nonfiction), 강조 표시 자막이 있는 '소리 내어 읽어주기', 연계 활동이 들어 있는 북플릭스(BookFlix) 프로그램은 학생에게 다양한 수준의 자료에 쉽게 접근하여 허구적인 이야기와 사실적인 이야기를 비교할 수 있는 특별한 기회를 제공한다. 마지막으로, 교사와 학부모는 독자 극장, 오디오북, 유창성 발달을 다룬 논문, 수업, 활동 등도 찾아볼 수 있다.

음독 전략별 추천 도서[1]

사고 구술

Draper, Sharon M.(2006), *Copper Sun*, Simon Pulse. (6~8학년)

Fleischman, Paul(2008), *The Birthday Tree*, Candlewick. (2~4학년)

Grimes, Nikki(2008), *Oh, Brother!*, Greenwillow. (유치원~5학년)

Johnson, Angela(2005), *A Sweet Smell of Roses*, Aladdin. (2~5학년)

Lewis, Paul O.(2003), *The Jupiter Stone*, Tricycle. (1~4학년)

Morpurgo, Michael(2006), *The Mozart Question* (모차르트를 위한 질문), Candlewick. (4-8학년)

Olawsky, Lynn A.(1997), *Colors of Mexico*, First Avenue Editions. (2~3학년)

Rylant, Cynthia(2002), *Tulip Sees America*, Scholastic. (1~2학년)

Tarpley, Natasha(2003), *I Love My Hair*, Little, Brown. (2학년)

Wood, Douglas(2003), *Old Turtle and the Broken Truth*, Scholastic. (3~6학년)

이미지 유도

Dhal, Roald(1996), *James and the Giant Peach* (제임스와 슈퍼 복숭아), Penguin. (3~5학년)

Gibbons, Gail(1997), *The Honey Makers*, HarperCollins. (1~3학년)

Hostetter, Joyce(2008), *Healing Water: A Hawaiian Story*, Calkins Creek. (5~8학년)

Johnson, Angela(2007), *Wind Flyers*, Simon & Schuster. (1~4학년)

London, Jonathan(2003), *When the Fireflies Come*, Dutton. (유치원~3학년)

Manushkin, Fran(2008), *How Mama Brought the Spring*, Dutton. (유치원~3학년)

O'Neil, Mary(2003), *The Sound of Day, The Sound of Night*, Melanie Kroupa. (유치원~2학년)

Purmell, Ann(2008), *Maple Syrup Season*, Holiday House. (유치원~3학년)

Spinelli, Jerry(1992), *Maniac Magee* (하늘을 달리는 아이), Ashton Scholastic. (4~8학년)

Willard, Elizabeth Kimmel(2008), *Mary Ingalls on Her Own*, HarperCollins. (3~7학년)

---

1 이 추천 도서는 원서에서는 2장, 3장, 4장의 각 음독 전략의 '수업 절차'와 '교사의 목소리' 사이에 있었던 것이다. 영어로 된 추천 도서가 중간에 들어가면 가독성이 떨어질 뿐만 아니라 이 책을 읽는 독자가 한국어를 대상으로 하는 음독이 아니라 영어 음독 관련 저서로 생각할 가능성이 있어서 부득이 각 음독 전략별 추천 도서를 여기로 옮겼다.

안내된 듣기 사고 활동

Alexander, Martha(2003), *I'll Never Share You, Blackboard Bear*, Candlewick. (유치원~1학년)

Carter, David A.(2006), *Woof! Woof!*, Little Simon. (유치원~5학년)

Clinton, Catherine(2007), *When Harriet Met Sojourner*, Amistad. (2~5학년)

Corbett, Sue(2006), *Free Baseball*, Puffin. (3~8학년)

Floca, Brian(2007), *Lightship*, Atheneum. (유치원~3학년)

Freeman, Russell(1994), *Kids at Work*, Clarion. (4~6학년)

Gibbons, Gail(1997), *Click! A Book About Cameras and Taking Pictures*, Little, Brown. (2~4학년)

Nolen, Jerdine(2007), *Pitching in for Eubie*, Amistad. (1~3학년)

Stanley, Diane(2008), *The Mysterious Case of the Allbright Academy*, HarperCollins. (3~7학년)

Stevens, Janet(2003), *Jackalope*, Harcourt. (1~4학년)

문장부호 생각하며 읽기

Bently, Judith(1997), *"Dear Friend": Thomas Garrett and William Still*, Cobblehill. (4~5학년)

Downard, Barry(2008), *The Race of the Century*, Simon & Schuster. (유치원~3학년)

Fleming, Denise(2007), *Beetle Bop*, Harcourt. (유치원~2학년)

Frazee, Marla(2003), *Roller Coaster*, Harcourt. (유치원~2학년)

Keller, Laurie(2003), *Arnie the Doughnut*, Holt. (1~4학년)

Krosoczka, Jarrett J.(2003), *Bubble Bath Pirates*, Viking. (유치원~1학년)

Medearis, Angela S.(1997), *The Ghost of Sifty-Sifty Sam*, Scholastic. (2~4학년)

Schertle, Alice(2008), *Little Blue Truck*, Harcourt. (유치원~2학년)

Scieszka, Jon(2008), *Smash! Crash!*, Simon & Schuster. (유치원~2학년)

Stevens, Janet(2008), *Help Me Mr. Mutt!*, Harcourt. (1~4학년)

등장인물처럼 말하기

Belton, Sandra(2008), *The Tallest Tree*, Greenwillow. (3~7학년)

Connor, Leslie(2008), *Waiting for Normal* (깡통집: 엄마는 영원히 외출 중), Katherine Tegen. (5~8학년)

Cutbill, Andy(2006), *The Cow That Laid an Egg*, HarperCollins. (유치원~3학년)

Hurwitz, Johanna(2002), *Ever-Clever Elisa*, HarperCollins. (1~2학년)

Jenkins, Emily(2004), *My Favorite Thing* (According to Alberta), Atheneum. (유치원~3학년)

Littlesugar, Amy(1998), *Shake Rag: From the Life of Elvis Presley*, Philomel. (4~7학년)

Long, Melinda(2003), *How I Became a Pirate*, Harcourt. (유치원~3학년)

Robberecht, Thierry(2007), *Sam Tells Stories*, Clarion. (유치원~2학년)

Stadler, Alexander(2003), *Lila Bloom*, Frances Foster. (유치원~3학년)

Wallace, Rich(2007), *Winning Season: Curveball*, Puffin. (3~6학년)

신속한 정보 탐색 읽기

Alexander, Sally H.(2008), *She Touched the World: Laura Bridgman, Deaf-Blind Pioneer*, Clarion. (5~8학년)

Curlee, Lynn(2008), *Ballpark: The Story of America's Baseball Fields*, Aladdin. (4~7학년)

Fradin, Judith B.(2002), *Who Was Sacagawea?*, Grosset & Dunlap. (3~5학년)

Huynh, Quang N.(1999), *Water Buffalo Days*, HarperCollins. (3~4학년)

Meltzer, Milton(2008), *Albert Einstein: A Biography*, Holiday House. (5~7학년)

Pfeffer, Wendy(2008), *A New Beginning, Celebrating the Spring Equinox*, Dutton. (2~3학년)

Potter, Joan(1997), *African Americans Who Were First*, Cobblehill. (3~5학년)

Pringle, Laurence(2008), *Sharks! Strange and Wonderful*, Boyds Mills. (3~5학년)

Schaefer, Lola M.(2006), *An Island Grows* (섬 하나가 쑤욱: 섬이 생겨난 이야기), Greenwillow. (유치원~2학년)

Stone, Tanya L.(2008), *Elizabeth Leads the Way*, Holt. (2~4학년)

답을 찾으며 읽기

Arnosky, Jim(2007), *Babies in the Bayou*, G. P. Putnam's Sons. (유치원~1학년)

Arnosky, Jim(2008), *The Brook Book: Exploring the Smallest Streams*, Dutton. (2~4학년)

Blackstone, Stella(2006), *Walking Through the Jungle*, Barefoot Books. (1~2학년)

Breen, Steve(2007), *Stick*, Dial. (유치원~2학년)

DeFelice, Cynthia C.(1997), *Willy's Silly Grandma*, Orchard. (2~3학년)

Ehlert, Lois(2008), *Oodles of Animals*, Harcourt. (유치원~2학년)

Gibbons, Gail(2008), *The Planets*, Holiday House. (1~3학년)

Kajikawa, Kimiko(2008), *Close to You*, Holt. (유치원~1학년)

Onyefulu, Ifeoma(2006), *Chidi Only Likes Blue*, Frances Lincoln. (1~2학년)

Rockwell, Anne(2008), *President's Day*, HarperCollins. (유치원~2학년)

수정된 라디오 읽기

교사는 문학 교과서나 아동문학 작품을 가지고 '라디오 읽기'를 쉽게 사용할 수 있다. 하지만 우리의 경험에 의하면, '라디오 읽기'는 여러 장(chapter)으로 구성되어 있고 각각의 장이 작은 이야기를 들려주는 아동문학 작품에 특히 적용하기가 용이하다.

Avi(2008), *A Beginning, a Muddle, and an End: The Right Way to Write Writing*, Harcourt. (2~5학년)

Cleary, Beverly(1981), *Ramona Quimby*, Age 8, HarperCollins. (2~5학년)

Herman, Charlotte(2008), *My Chocolate Year*, Simon & Schuster. (3~7학년)

Lobel, Arnold(1984), *Days with Frog and Toad* (개구리와 두꺼비의 하루하루), HarperCollins. (1~2학년)

McBratney, Sam(2005), *One Voice, Please: Favorite Read-Aloud Stories*, Candlewick. (2~5학년)

Pilkey, Dav(1995), *Dragon's Fat Cat*, Scholastic. (1~3학년)

Prelutsky, Jack(2008), *Pizza, Pigs, and Poetry: How to Write a Poem*, Greenwillow. (3~8학년)

Rinaldi, Ann(2008), *The Redheaded Princess*, HarperCollins. (5~8학년)

Rylant, Cynthia(1996), *Henry and Mudge Take the Big Test*, Simon & Schuster. (1~3학년)

Sobol, Donald J.(1970), *Encyclopedia Brown Saves the Day*, Puffin. (2~4학년)

책 읽어주기

Cotten, Cynthia(2008), *Rain Play*, Holt. (유치원~2학년)

Elliott, David(2008), *On the Farm*, Candlewick. (유치원~2학년)

Fox, Paula(2008), *Traces*, Front Street. (1~3학년)

Garrison, Barbara(2007), *Only One Neighborhood*, Dutton. (유치원~2학년)

Hamilton, Kersten(2008), *Red Truck*, Viking. (유치원~1학년)

McCarthy, Mary(2007), *A Closer Look*, Greenwillow. (유치원~3학년)

Root, Phyllis(2008), *One Duck Stuck: A Mucky Duck Counting Book*, Candlewick. (유치원~2학년)

Siy, Alexandra(2008), *One Tractor: A Counting Book*, Holiday House. (유치원~1학년)

Weinstein, Ellen S.(2008), *Everywhere the Cow Says, "Moo!"*, Boyds Mills. (유치원~3학년)

Wong, Herbert Y.(2003), *Tracks in the Snow*, Holt. (유치원~2학년)

합창 읽기

Aardema, Verna(1981), *Bringing the Rain to Kapiti Plain*, Dial. (2~3학년)

Ayres, Katherine(2007), *Up, Down, and Around*, Candlewick. (유치원~2학년)

Beaumont, Karen(2008), *Who Ate All the Cookie Dough?*, Holt. (유치원~2학년)

Dillon, Leo(2007), *Mother Goose, Numbers on the Loose*, Harcourt. (유치원~1학년)

Dunphy, Margaret(1996), *Here Is the Wetland*, Hyperion. (2~3학년)

Falwell, Cathryn(2008), *Scoot!*, Greenwillow. (유치원~3학년)

Fleischman, Paul(1988), *Joyful Noise*, Harper & Row. (4~5학년)

Gravett, Emily(2007), *Monkey and Me* (원숭이랑 나랑), Simon & Schuster. (유치원~1학년)

Sendak, Maurice(1991), *Chicken Soup with Rice*, HarperTrophy. (1~2학년)

Viorst, Judith(1984), *If I Were in Charge of the World and Other Worries*, Simon & Schus-
　　ter. (1~3학년)

멘토 읽기

학생이 선택한 모든 책은 멘토 읽기를 위해서 사용될 수 있다. 다음의 참고문헌은 학생이 재미
있게 읽을 수 있는 다양한 책을 소개하고 있는데, 뒤에 나오는 '돌아가며 읽기'의 추천 도서와
동일하다.

Halsted, Judith W.(2002), *Some of My Best Friend Are Books*, Great Potential.

Kobrin, Beverly(1995), *Eyeopeners II: Children's Books to Answer Children's Questions
　　About the World Around Them, K-12*, Scholastic.

Lesesne, Teri S.(2003), *Making the Match: The Right Book for the Right Reader at the
　　Right Time, Grades 4-12*, Stenhouse.

Opitz, Michael F.(1996), *Getting the Most from Predictable Books*, Scholastic.

Opitz, Michael F., & Michael P. Ford(2006), *Books and Beyond: New Ways to Reach
　　Readers*, Heinemann.

Yokota, Junko(2001), *Kaleidoscope: A Multicultural Booklist for Grades K-8*, National
　　Council of Teachers of English.

독자 극장

○ '독자 극장'에서 사용할 수 있는 대본 모음집

Barchers, Suzanne(1997), *Fifty Fabulous Fables: Beginning Readers Theatre*, Libraries
　　Unlimited.

Fredericks, Anthony D.(1993), *Frantic Frogs and Other Frankly Fractured Folktales for Readers Theatre*, Libraries Unlimited.

Wolf, Joan M.(2002), *Cinderella Outgrows the Glass Slipper and Other Zany Fractured Fairy Tale Plays: 5 Funny Plays with Related Writing Activities and Graphic Organizers That Motivate Kids to Explore Plot, Characters, and Settings*, Scholastic.

Worthy, Jo(2005), *Readers Theater for Building Fluency: Strategies and Scripts for Making the Most of This Highly Effective, Motivating, and Research-Based Approach to Oral Reading*, Scholastic.

○ 아동 도서

Allen, Kathryn M.(2003), *This Little Piggy's Book of Manners*, Holt. (2~3학년)

Blume, Judy(1985), *The Pain and the Great One*, Random House. (1~3학년)

Bunting, Eve(2007), *Hurry! Hurry!*, Harcourt. (유치원)

Carle, Eric(2001), *Where Are You Going? To See My Friend!*, Orchard. (1~2학년)

Fleischman, Paul(1995), *Bull Run*, HarperCollins. (4~5학년)

Gerstein, Mordicai(2007), *Leaving the Nest*, Frances Foster. (2~3학년)

Johnston, Tony(2003), *Go Track a Yak!*, Simon & Schuster. (3~5학년)

Kirk, Daniel(2003), *Jack and Jill*, G. P. Putnam's Sons. (2~3학년)

Napoli, Donna(2001), *How Hungry Are You?*, Atheneum. (1~3학년)

Thompson, Lauren(2008), *Wee Little Chick*, Simon & Schuster. (유치원~1학년)

돌아가며 읽기
아래의 참고문헌은 학생이 재미있게 읽을 수 있는 다양한 책을 소개하고 있다.

Halsted, Judith W.(2002), *Some of My Best Friend Are Books*, Great Potential.

Kobrin, Beverly(1995), *Eyeopeners II: Children's Books to Answer Children's Questions About the World Around Them, K-12*, Scholastic.

Lesesne, Teri S.(2003), *Making the Match: The Right Book for the Right Reader at the Right Time, Grades 4-12*, Stenhouse.

Opitz, Michael F.(1996), *Getting the Most from Predictable Books*, Scholastic.

Opitz, Michael F., & Michael P. Ford(2006), *Books and Beyond: New Ways to Reach Readers*, Heinemann.

Yokota, Junko(2001), *Kaleidoscope: A Multicultural Booklist for Grades K-8*, National Council of Teachers of English.

시 클럽

Fleischman, Paul(2008), *Big Talk: Poems for Four Voices*, Candlewick. (2~5학년)

Florian, Douglas(2003), *Bow Wow Meow Meow: It's Rhyming Cats and Dogs* (멍멍 야옹야옹), Harcourt. (유치원~3학년)

Janeczko, Paul B.(1997), *Home on the Range: Cowboy Poetry*, Dial. (3~8학년)

Johnson, James W.(2007), *Lift Every Voice and Sing*, Amistad. (유치원~5학년)

Katz, Alan(2008), *Oops!*, Margaret K. McElderry. (2~5학년)

Maddox, Marjorie(2008), *A Crossing of Zebras: Animal Packs in Poetry*, Wordsong. (유치원~4학년)

Michelson, Richard(1996), *Animals That Ought to Be*, Simon & Schuster. (1~4학년)

Mora, Pat(2002), *This Big Sky*, Scholastic. (1~4학년)

Prelutsky, Jack(2008), *My Dog May Be a Genius*, Greenwillow. (1~5학년)

Smith, Charles R. Jr.(2007), *If: A Father's Advice to His Son*, Atheneum. (3~8학년)

소리 내어 읽어주기

아래에 열거된 참고문헌에는 아동에게 소리 내어 읽어주기를 할 수 있는 많은 책이 소개되어 있다.

Backes, Laura(2001), *Best Books for Kids Who (Think They) Hate to Read: 125 Books That Will Turn Any Child into a Lifelong Reader*, Crown.

Barr, Catherine(2006), *Best Books for Children: Preschool Through Grade 6*, Libraries Unlimited.

Coon, Cheryl F.(2004), *Books to Grow With: A Guide to Using the Best Children's Fiction for Everyday Issues and Tough Challenges*, Lutra Press.

Funke, Cornelia C.(2005), *Book Sense Best Children's Books: Favorites for All Ages Recommended by Independent Booksellers*, Newmarket.

Gillespie, John T.(2006), *Best Books for Middle School and Junior High Readers: Supplement to the First Edition, Grades 6-9*, Libraries Unlimited.

Silvey, Anita(2005), *100 Best Books for Children: A Parent's Guide to Making the Right Choices for Your Young Reader, Toddler to Preteen*, Houghton Mifflin.

Trelease, Jim(2006), *The Read-Aloud Handbook* (하루 15분 책 읽어주기의 힘: 아이의 두뇌를 깨우는), Penguin.

짝 읽기

해당 학생이 읽기 위해 고른 어떤 텍스트든 사용할 수 있다. 학생들은 때때로 책뿐만 아니라 만화나 신문을 선택할 수도 있다. 앞의 '돌아가며 읽기'의 추천 도서는 이 전략을 사용하는 데 알맞은 책들을 소개하고 있다.

오디오북 읽기

Armstrong, Jennifer & Mali, Taylor(1998), *Shipwreck at the Bottom of the World: The Extraordinary True Story of Shackleton and the Endurance*, Audio Bookshelf. (5~8학년)

Cronin, Doreen & Travis, Randy(2004), *Duck for President*, Weston Woods. (유치원~2학년)

DiCamillo, Kate & Jones, Cherry(2001), *Because of Winn-Dixie* (내 친구 윈딕시), Listening Library. (2~4학년)

Gaiman, Neil & Gaiman, Neil(2004), *The Neil Gaiman Audio Collection*, Harper Audio. (2~4학년)

Goodman, Steve & Chapin, Tom(2005), *The Train They Call the City of New Orleans*, Live Oak Media. (1~3학년)

Hannigan, Katherine & Taylor, Lili(2004), *Ida B.*, Listening Library. (4~6학년)

McMullan, Kate & Richter, Andy(2004), *I Stink!* (냄새차가 나가신다!), Weston Woods. (유치원~2학년)

Paterson, Katherine & Leonard, Sean P.(2000), *Bridge to Terabithia* (비밀의 숲 테라비시아), Harper Children's Audio. (5~7학년)

Skolsky, Mindy W. & Hamilton, Laura(1999), *Love from Your Friend Hannah*, Listening Library. (3~6학년)

White, E. B. & White, E. B.(1991), *Charlotte's Web* (샬롯의 거미줄), Listening Library. (2~5학년)

아동 음독 듣기

Collier, James(1997), *Jazz: An American Saga*, Holt. (4~8학년)

Goldin, Barbara(1997), *The Girl Who Lived with the Bears*, Harcourt. (2~4학년)

Hobbs, Will(1997), *Beardream*, Atheneum. (2~4학년)

James, Simon(1997), *Leon and Bob*, Candlewick. (1~2학년)

Kipling, Rudyard(1997), *Rikki-Tikki-Tavi* (독사를 물리친 어린 몽구스), HarperCollins. (3~4학년)

Kroll, Virginia(1997), *Butterfly Boy*, Boyds Mills. (1~2학년)

Krull, Kathleen(1997), *Lives of the Athletes*, Harcourt. (3~6학년)

Kurtz, Jane & Kurtz, Christopher(1997), *Only a Pigeon*, Simon & Schuster. (3~5학년)

유창성 발달 수업

Brown, Margaret W.(1990), *The Important Book* (중요한 사실), HarperCollins. (1~3학년)

Cummings, Pat(2008), *Harvey Moon, Museum Boy*, HarperCollins. (유치원~3학년)

Helakoski, Leslie(2008), *Big Chickens Fly the Coop*, Dutton. (1~3학년)

Jarrett, Clare(2008), *Arabella Miller's Tiny Caterpillar*, Candlewick. (유치원~1학년)

Newman, Leslea(2003), *Pig, Pigs, Pigs!*, Simon & Schuster. (유치원~3학년)

Spinelli, Eileen(2003), *Rise the Moon*, Dial. (1~3학년)

Watts, Irene(2003), *Just a Minute*, Chronicle. (5~8학년)

Weatherford, Carole B.(2008), *Before John Was a Jazz Giant: A Song of John Coltrane*, Holt. (유치원~2학년)

Weisburd, Stefi(2008), *Barefoot: Poems for Naked Feet*, Wordsong. (1~4학년)

Winter, Jonah(2005), *Roberto Clemente: Pride of the Pittsburgh Pirates*, Aladdin. (1~5학년)

음독 전략별 우리말 추천 도서

사고 구술

윤여림(2007), 『우리는 언제나 다시 만나』(스콜라창작그림책 7), 스콜라. (1~2학년)

미카엘 엔데(2005), 『마법의 설탕 두 조각』, 한길사. (3~4학년)

한국아동문학인협회 엮음(2016), 『3·4학년이 꼭 읽어야 할 교과서 동화』, 효리원. (3~4학년)

황선미(2002), 『마당을 나온 암탉』, 사계절. (5~9학년)

김영주·고경숙(1999), 『짜장 짬뽕 탕수육』, 재미마주. (3~4학년)

이미지 유도

이가을(1998), 『가끔씩 비 오는 날』, 창작과비평사. (1~6학년)

장세현(2013), 이지선 그림, 『교과서가 재미있어지는 똑똑한 시 읽기』, 다림. (1~6학년)

정채봉(1990), 『오세암』, 창작과비평사. (1~6학년)

R. J. 팔라시오(2012), 『아름다운 아이』, 책과콩나무. (3~6학년)

엘윈 브룩스 화이트(2000), 『샬롯의 거미줄』, 시공주니어. (5~6학년)

엘리자베스 쇼(2006), 『까만 아기 양』, 푸른그림책. (1~6학년)

듣고 예측하기 활동

다니엘 포세트(1997), 『칠판 앞에 나가기 싫어』, 비룡소. (3~6학년)

프란치스카 비어만(2015), 『책 먹는 여우와 이야기 도둑』, 주니어김영사. (1~2학년)

프란치스카 비어만(2016), 『책 먹는 여우』, 주니어김영사. (1~2학년)

유순희(2011), 『지우개 따먹기 법칙』, 푸른책들. (1~6학년)

문선이(2001), 『양파의 왕따 일기』, 파랑새어린이. (1~2학년)

문장부호 생각하며 읽기

한국아동문학연구소(2016), 『1·2학년이 꼭 읽어야 할 교과서 동화』, 효리원. (1~2학년)

김종렬(2006), 『길모퉁이 행운돼지』, 다림. (1~6학년)

로알드 달(2000), 『찰리와 초콜릿 공장』, 시공주니어. (1~6학년)

한규호(2013), 『이가 아파서 치과에 가요』, 받침없는동화. (1~2학년)

등장인물처럼 말하기

H. M. 엔첸스베르거(2010), 『수학귀신』, 비룡소. (5~9학년)

이영서(2017), 『책과 노니는 집』, 문학동네. (3~6학년)

앤드루 클레먼츠(2001), 『프린들 주세요』, 사계절. (3~6학년)

러셀 에릭슨(2014), 『화요일의 두꺼비』, 사계절. (1~4학년)

신속한 정보 탐색 읽기

임은하(2017), 『복제인간 윤봉구』, 비룡소. (3~6학년)

오스카 브르니피에(2008), 『자유가 뭐예요?』, 상수리. (3~6학년)

한국법교육센터(2014), 『재미있는 법 이야기』, 가나출판사. (3~6학년)

데이비드 J. 스미스(2011), 『지구가 100명의 마을이라면』, 푸른숲주니어. (3~9학년)

답을 찾으며 읽기

고정욱(2014), 『가방 들어주는 아이』, 사계절. (1~4학년)

이호백(1997), 『세상에서 제일 힘센 수탉』, 재미마주. (1~4학년)

요시타케 신스케(2014), 『이게 정말 사과일까?』, 주니어김영사. (1~3학년)

루이스 세뿔베다(2015), 『갈매기에게 나는 법을 가르쳐준 고양이』, 바다출판사. (5~6학년)

미하엘 엔데(2015), 『곰돌이 워셔블의 여행』, 보물창고. (1~6학년)

수정된 라디오 읽기- 등장인물처럼 말하기 전략과 연계

김유경(2017), 『욕심쟁이 딸기 아저씨』, 노란돼지. (1~2학년)

강민경(2011), 『아드님 진지 드세요』, 좋은책어린이. (1~4학년)

책 읽어주기 활동

로버트 먼치(1998), 『종이 봉지 공주』, 비룡소. (유치원~4학년)

모니카 페트(2000), 『행복한 청소부』, 풀빛. (유치원~4학년)

백희나(2004), 『구름빵』, 한솔수북. (유치원~2학년)

합창 읽기

셸 실버스타인(2000), 『아낌없이 주는 나무』, 시공주니어. (1~5학년)

이가을(1998), 『가끔씩 비 오는 날』, 창작과비평사. (3~6학년)

정채봉(2007), 『멀리 가는 향기』, 샘터. (3~9학년)

멘토 읽기

박완서(2015), 『7년 동안의 잠』, 어린이작가정신. (1~5학년)

조호상(2003), 『누군 누구야 도깨비지』, 한겨레아이들. (1~6학년)

김기정(2013), 『조선에서 가장 재미난 이야기꾼』, 비룡소. (5~6학년)

독자 극장

백희나·박윤규(2006), 『팥죽 할멈과 호랑이』, 시공주니어. (1~2학년)

돌아가며 읽기

크리스티나 누네스 페레이라, 라파엘 R. 발카르셀(2015), 『42가지 마음의 색깔: 감정을 표현하
　　　는 법을 배워요!』, 레드스톤. (1~6학년)

트리나 폴러스(1999), 『꽃들에게 희망을』, 시공주니어. (1~6학년)

시 클럽

엄기원 엮음(2010), 『우리나라 대표 동시 100선』, 지경사. (1~6학년)

* 나이에 맞는 다양한 시집이면 모두 가능함

소리 내어 읽어주기- 책 읽어주기 활동과 연계

신세정(2008), 『방귀쟁이 며느리』, 사계절. (유치원~3학년)

버지니아 리 버튼(1993), 『작은 집 이야기』, 시공주니어. (1~4학년)

짝 읽기

윌리엄 스타이그(1995), 『치과 의사 드소토 선생님』, 비룡소. (1~2학년)

전래동화(1998), 『아씨방 일곱동무』, 비룡소. (1~4학년)

오디오북 읽기

존 세스카(1996), 『늑대가 들려주는 아기돼지 삼형제 이야기』, 보림. (유아~6학년)

아동 음독 듣기

앤서니 브라운(2011), 『기분을 말해 봐!』, 웅진주니어. (유치원~2학년)

마르쿠스 피스터(1994), 『무지개 물고기』, 시공주니어. (1~3학년)

참고문헌

연구 논문

Allington, R. (1980). "Teacher Interruption Behaviors During Primary Grade Oral Reading." *Journal of Educational Psychology* 72: 371-372.

_____. (1984). "Oral Reading." In *Handbook of Reading Research*. Eds. R. Barr, M. Kamil, and P. Mosenthal. New York: Longman.

Anderson, R., E. Hiebert, I. Scott, and I. Wilkinson. (1985). *Becoming a Nation of Readers: The Report of the Commission on Reading*. Washington, DC: National Institute of Education.

Anderson, R., P. Wilson, and L. Fielding. (1988). "Growth in Reading and How Children Spend Their Time Outside of School." *Reading Research Quarterly* 23: 285-303.

Armbruster, B., and I. Wilkinson. (1991). "Silent Reading, Oral Reading, and Learning from Text." *The Reading Teacher* 45: 154-155.

Artley, A. S. (1972). "Oral Reading as a Communication Process." *The Reading Teacher* 26: 46-51.

Baker, L, and A. Brown. (1980). *Metacognitive Skills and Reading*. (Technical Report No. 188). Urbana, IL: University of Illinois, Center for the Study of Reading. (ERIC Document Reproduction Service No. 195 932).

Barchers, S. (1993). *Readers Theatre for Beginning Readers*. Englewood, CO: Teacher Ideals Press.

Barrera, R., V. Thompson, and M. Dressman, eds. (1997). *Kaleidoscope: A Multicultural Booklist for Grades K-8*. 2d ed. Urbana, IL: National Council of Teachers of English.

Baumann, N. (1995). "Reading Millionaires—It Works!" *The Reading Teacher* 48: 730.

Block, C. (1997). *Literacy Difficulties: Diagnosis and Instruction*. San Diego: Harcourt Brace.

Braun, W., and C. Braun. (1996). *A Readers Theatre Treasury of Stories*. Calgary, Alberta: Braun and Braun Associates.

Butler, D. (1985). *Babies Need Books*. New York: Atheneum.

Carbo, M. (1978). "Teaching Reading with Talking Books." *The Reading Teacher* 32: 267-273.

Children's Choices. (1995). *More Kids' Favorite Books*. Newark, DE: International Reading Association.

Chomsky, C. (1978). "When You Still Can't Read in Third Grade: After Decoding, What?" In *What Research Has to Say About Reading Instruction*. Ed. S. Samuels. Newark, DE: International Reading Association.

Clay, M. (1979). *The Early Detection of Reading Difficulties*. 3d ed. Portsmouth, NH: Heinemann.

Daneman, M. (1991). "Individual Differences in Reading Skills." In *Handbook of Reading Research, Volume 2*. Eds. R. Barr, M. Kamill, P. Mosenthal, and P. D. Pearson. White Plains, NY: Longman.

Davey, B. (1983). "Think Aloud—Modeling the Cognitive Processes of Reading Comprehension." *Journal of Reading* 27: 44-47.

Dixon, N., A. Davies, and C. Politano. (1996). *Learning with Readers Theatre*. Winnipeg, Canada: pequin.

Doiron, R. (1994). "Using Nonfiction in a Read-Aloud Program: Letting the Facts Speak for Themselves." *The Reading Teacher* 47: 616-624.

Dole, I., G. Duffy, L. Roehler, and P. D. Pearson. (1991). "Moving from the Old to the New: Research on Reading Comprehension Instruction." *Review of Educational Research* 61: 239-264.

Durkin, D. (1966). *Children Who Read Early*. New York: Teachers College Press.

_____. (1993). *Teaching Them to Read*. 6th ed. Needham Heights, MA: Allyn and Bacon.

Elley, W. (1989). "Vocabulary Acquisition from Listening." *Reading Research Quarterly* 24: 174-187.

Fowler, J., and S. Newlon. (1995). *Quick and Creative Literature Response Activities*. New York: Scholastic.

Fredericks, A. (1993). Frantic Frogs and Other Frankly Fractured Folktales for Readers Theatre. Westport, CT: Teacher Ideas Press.

Freeman, J. (1997). *More Books Kids Will Sit Still For*. New York: Bowker.

Freire, P. (1985). "Reading the World and Reading the Word: An Interview with Paulo Freire." *Language Arts* 62: 15-21.

Gambrell, L., and P. Jawitz. (1993). "Mental Imagery, Text Illustrations, and Children's Story Comprehension and Recall." *Reading Research Quarterly* 28: 265-276.

Gambrell, L., B. Kapinus, and R. Wilson. (1987). "Using Mental Imagery and Summarization to Achieve Independence in Comprehension." *Journal of Reading* 30: 638-642.

Gillespie, J., and C. Gilbert, eds. (1985). *Best Books for Children: Preschool Through the Middle Grades*. New York: Bowker.

Gillet, J., and C. Temple. (1994). *Understanding Reading Problems: Assessment and Instruction*. 4th ed. New York: HarperCollins.

Goodman, K. (1965). "A Linguistic Study of Cues and Miscues in Reading." *Elementary English* 42: 633-643.

_____. (1969). *Analysis of Oral Reading Miscues: Applied Psycholinguistics*. Newark, DE: International Reading Association.

_____. (1996). *On Reading: A Common-Sense Look at the Nature of Language and the Science of Reading*. Portsmouth, NH: Heinemann.

Goodman, Y. (1996). "Revaluing Readers While Readers Revalue Themselves: Retrospective Miscue Analysis." *The Reading Teacher* 49: 600-609.

_____. (1997). "Reading Diagnosis: Qualitative or Quantitative?" *The Reading Teacher* 50: 534-538.

Goodman, Y., and A. Marek. (1996). *Retrospective Miscue Analysis: Revaluing Readers and Reading*. Katonah, NY: Richard C. Owen.

Graves, D. (1983). *Writing: Teachers and Children at Work*. Portsmouth, NH: Heinemann.

Green, M. (1998). "Rapid Retrieval of Information: Reading Aloud With a Purpose." *Journal of Adolescent and Adult Literacy* 41: 306-307.

Greene, F. (1979). "Radio Reading." In *Reading Comprehension at Four Linguistic Levels*, ed. C. Pennock. Newark, DE: International Reading Association.

Harris, T., and R. Hodges, eds. (1995). *The Literacy Dictionary*. Newark, DE: International Reading Association.

Henderson, A. (1988). "Parents Are a School's Best Friend." *Phi Delta Kappan* 70: 148-153.

Hewison, J., and J. Tizard. (1980). "Parental Involvement and Reading Attainment." *British Journal of Educational Psychology* 50: 209-215.

Hoffman, J. (1987). "Rethinking the Role of Oral Reading in Basal Instruction."
     Elementary School Journal 87: 367-373.

Hoffman, J., and K. Segel. (1982). Oral Reading Instruction: A Century of Controversy.
     Paper presented at the annual meeting of the International Reading
     Association, Anaheim, CA (ERIC Document Reproduction Service No. ED 239 277).

Holdaway, D. (1979). *The Foundations of Literacy*. New York: Ashton-Scholastic.

Huey, E. (1968). *The Psychology and Pedagogy of Reading*. Cambridge, MA: MIT Press.

International Reading Association. (1996). *Standards for the English Language Arts*.
     Newark, DE: International Reading Association.

Johns, J. (1984). "Students' Perceptions of Reading: Insights from Research and
     Pedagogical Implications." In *Language Awareness and Learning to Read*. Eds.
     J. Downing and R. Valtin. New York: Springer-Verlag.

_____. (1986). "Students' Perceptions of Reading: Thirty Years of Inquiry." In
     *Metalinguistic Awareness and Beginning Literacy: Conceptualizing What It
     Means to Read and Write*. Eds. D. Yaden and S. Templeton. Portsmouth, NH:
     Heinemann.

Johns, J., and S. Lenski. (1997). *Improving Reading: A Handbook of Strategies*. 2d ed.
     Dubuque, IA: Kendall/Hunt.

Kobrin, B. (1995). *Eyeopeners II: Children's Books to Answer Children's Questions About
     the World Around Them*. New York: Scholastic.

Koskinen, P., R. Wilson, L. Gambrell, and S. Neuman. (1993). "Captioned Video and
     Vocabulary Learning: An Innovative Practice in Literary Instruction." *The
     Reading Teacher* 47: 36-43.

Long, S., P. Winograd, and C. Bridge. (1989). "The Effects of Reader and Text
     Characteristics on Reports of Imagery During and After Reading." *Reading
     Research Quarterly* 24: 353-372.

McCauley, J., and D. McCauley. (1992). "Using Choral Reading to Promote Language
     Learning for ESL Students." *The Reading Teacher* 45: 526-533.

Miccinati, J. (1985). "Using Prosodic Cues to Teach Oral Reading Fluency." *The Reading
     Teacher* 39: 206-212.

Morrow, L. (1983). "Home and School Correlates of Early Interest in Literature." *Journal
     of Educational Research* 76: 221-230, 339-344.

O'Masta, G., and J. Wold. (1991). "Encouraging Independent Reading Through the

Reading Millionaires Project." *The Reading Teacher* 44: 656-662.

Opitz, M. (1989). An Investigation of the Importance of Using Student Interviews in the Development of Chapter I Diagnostic Profiles. Unpublished Ph.D. dissertation, University of Oregon.

_____. (1995). *Getting the Most from Predictable Books*. New York: Scholastic.

Person, M. (1990). "Say It Right!" *The Reading Teacher* 43: 428-429.

Postlethwaite, T., and K. Ross. (1992). *Effective Schools in Reading: Implications for Educational Planners*. The Hague: International Association for the Evaluation of Educational Achievement.

Pressley, M., P. El-Dinary, I. Gaskins, T. Schuder, J. Bergman, J. Alasi, and R. Brown. (1992). "Direct Explanation Done Well: Transactional Instruction of Reading Comprehension Strategies." *Elementary School Journal* 92: 513-555.

Raphael, T. (1982). "Teaching Question Answer Relationships." *The Reading Teacher* 39: 516-520.

_____. (1986). "Question-Answering Strategies for Children." *The Reading Teacher* 36: 186-191.

Rasinski, T. V. (1995). "Fast Start: A Parental Involvement Reading Program for Primary Grade Students." In *Generations of Literacy: The Seventeenth Yearbook of the College Reading Association*. Eds. W. Linek and E. Sturtevant. Harrisonburg, VA: College Reading Association.

Rasinski, T. V., and N. Padak. (1996). *Holistic Reading Strategies: Teaching Children Who Find Reading Difficult*. Englewood Cliffs, NJ: Merrill/Prentice Hall.

Rasinski, T. V., N. Padak, W. Linek, and E. Sturtevant. (1994). "The Effects of Fluency Development Instruction on Urban Second Grade Readers." *Journal of Education Research* 87: 158-164.

Reutzel, D. R., P. Hollingsworth, and J. Eldredge. (1994). "Oral Reading Instruction: The Impact on Student Reading Development." *Reading Research Quarterly* 29: 40-62.

Rhodes, L., and N. Shanklin. (1990). "Miscue Analysis in the Classroom." *The Reading Teacher* 44: 252-254.

Ruddell, R., M. Ruddell, and H. Singer. (1994). *Theoretical Models and Processes of Reading*. 4th ed. Newark, DE: International Reading Association.

Sanacore, J. (1991). "Expository and Narrative Texts: Balancing Young Children's

Reading Experiences." *Childhood Education* 67: 211-214.

Savage, J. (1998). *Teaching Reading and Writing: Combining Skills, Strategies, and Literature.* 2d ed. Boston: McGraw-Hill.

Searfoss, L. (1975). "Radio Reading." *The Reading Teacher* 29: 295-296.

Sloan, R, and R. Lotham. (1981). *Teaching Reading Is....* Melbourne: Thomas Nelson.

Smith, Nila Banton. (1925). *One Hundred Ways to Teach Silent Reading, for All Grades.* New York: World Book Company. Out of print

Stanovich, K. (1980). "Toward an Interactive-Compensatory Model of Individual Differences in the Development of Reading Fluency." *Reading Research Quarterly* 16: 32-71.

_____. (1986). "Matthew Effects in Reading: Some Consequences of Individual Differences in the Acquisition of Literacy." *Reading Research Quarterly* 21: 360-407.

Strang, R. (1969). *Diagnostic Teaching of Reading.* 2d ed. New York: McGraw-Hill.

Taubenheim, B., and J. Christensen. (1978). "Let's Shoot 'Cock Robin'! Alternatives to 'Round Robin' Reading." *Language Arts* 55: 975-977.

Tompkins, G. (1998). *Fifty Literacy Strategies Step by Step.* Upper Saddle River, NJ: Merrill.

Topping, K. (1987). "Paired Reading: A Powerful Technique for Parent Use." *The Reading Teacher* 40: 608-614.

_____. (1989). "Peer Tutoring and Paired Reading: Combining Two Powerful Techniques." *The Reading Teacher* 42: 488-494.

Trelease, J. (1989). *The New Read-Aloud Handbook.* New York: Penguin.

_____. (1992). *Hey! Listen to This: Stories to Read Aloud.* New York: Penguin.

Zutell, J., and T. V. Rasinski. (1991). "Training Teachers to Attend to Their Students' Oral Reading Fluency." *Theory into Practice* 30: 211-217.

아동문학 작품

Aardema, V. (1981). *Bringing the Rain to the Kapiti Plain.* New York: Dial.

Alexander, M. (2003). *I'll Never Share You, Blackboard Bear.* Cambridge, MA: Candlewick.

Alexander, S. H. (2008). *She Touched the World: Laura Bridgman, Deaf-Blind Pioneer.* New York: Clarion.

Allen, K. M. (2003). *The Little Piggy's Book of Manners.* New York: Holt.

Armstrong, J. (1998). *Shipwreck at the Bottom of the World: The Extraordinary True Story of Shackleton and the Endurance.* Read by T. Mali. Middletown, RI: Audio Bookshelf.

Arnosky, J. (2007). *Babies in the Bayou.* New York: G. P. Putnam's Sons.

Arnosky, J. (2008). *The Brook Book: Exploring the Smallest Streams.* New York: Dutton.

Avi. (2008). *A Beginning, a Muddle, and an End: The Right Way to Write Writing.* Orlando, FL: Harcourt.

Ayres, K. (2007). *Up, Down, and Around.* Cambridge, MA: Candlewick.

Babbit, N. (1975). *Tuck Everlasting.* New York: Farrar, Straus & Giroux.

Backes, L. (2001). *Best Books for Kids Who (Think They) Hate to Read: 125 Books That Will Turn Any Child into a Lifelong Reader.* New York: Crown.

Barchers, S. (1997). *Fifty Fabulous Fables: Beginning Readers Theatre.* Westport, CT: Libraries Unlimited.

Barr, C. (2006). *Best Books for Children: Preschool Through Grade 6* (8th ed.). Westport, CT: Libraries Unlimited.

Beaumont, K. (2008). *Who Ate All the Cookie Dough?* New York: Holt.

Belton, S. (2008). *The Tallest Tree.* New York: Greenwillow.

Bentley, J. (1997). *"Dear Friend": Thomas Garrett and William Still.* Brooklyn: Cobblehill Books.

Blackstone, S. (2006). *Walking Through the Jungle.* Cambridge, MA: Barefoot Books.

Blume, J. (1985). *The Pain and the Great One.* New York: Random House Children's Books.

Breen, S. (2007). *Stick.* New York: Dial.

Brown, M. W. (1990). *The Important Book.* New York: HarperCollins.

Bunting, E. (2007). *Hurry! Hurry!* Orlando, FL: Harcourt.

Carle, E. (2001). *Where Are You Going? To See My Friend!* New York: Orchard.

Carter, D. A. (2006). *Woof! Woof!* New York: Little Simon.

Gatling, P. (1952). *The Chocolate Touch.* New York: Dell.

Cleary, B. (1981). *Ramona Quimby, Age 8.* New York: HarperCollins.

Cleary, B. (1983). *Dear Mr. Henshaw.* New York: Dell.

Clinton, C. (2007). *When Harriet Met Sojourner*. New York: Amistad.

Collier, J. (1997). *Jazz: An American Saga*. New York: Holt.

Connor, L. (2008). *Waiting for Normal*. New York: Katerine Tegen Books.

Coon, C. F. (2004). *Books to Grow With: A Guide to Using the Best Children's Fiction for Everyday Issues and Tough Challenges*. Portland, OR: Lutra Press.

Corbett, S. (2006). *Free Baseball*. New York: Puffin.

Cotten, C. (2008). *Rain Play*. New York: Holt.

Cronin, D. (2004). *Duck for President*. Read by R. Travis. Norwalk, CT: Weston Woods.

Cummings, P. (2008). *Harvey Moon, Museum Boy*. New York: HarperCollins.

Curlee, L. (2008). *Ballpark: The Story of America's Baseball Fields*. New York: Aladdin.

Cutbill, A. (2006). *The Cow That Laid an Egg*. New York: HarperCollins.

Dahl, R. (1996). *James and the Giant Peach*. New York: Penguin.

DeFelice, C. C. (1997). *Willy's Silly Grandma*. London: Orchard.

DiCamillo, K. (2001). *Because of Winn-Dixie*. Read by C. Jones. Westminster, MD: Listening Library.

Dillon, L. (2007). *Mother Goose, Numbers on the Loose*. Orlando, FL: Harcourt.

Downard, B. (2008). *The Race of the Century*. New York: Simon & Schuster

Draper, S. M. (2006). *Copper Sun*. New York: Simon Pulse.

Dunphy, M. (1996). *Here Is the Wetland*. New York: Hyperion.

Eagle Walking Turtle. (1997). *Eagle Walking Turtle's Full Moon Stories: Thirteen Native American Legends*. New York: Hyperion.

Ehlert, L. (2008). *Oodles of Animals*. Orlando, FL: Harcourt.

Elliott, D. (2008). *On the Farm*. Cambridge, MA: Candlewick.

Falwell, C. (2008). *Scoot!* New York: Greenwillow.

Fleischman, P. (1988). *Joyful Noise*. New York: Harper & Row.

Fleischman, P. (1995). *Bull Run*. New York: HarperCollins.

Fleischman, P. (2008a). *Big Talk: Poems for Four Voices*. Cambridge, MA: Candlewick.

Fleischman, P. (2008b). *The Birthday Tree*. Cambridge, MA: Candlewick.

Fleming, D. (2007). *Beetle Bop*. Orlando, FL: Harcourt.

Floca, B. (2007). *Lightship*. New York: Atheneum.

Florian, D. (2003). *Bow Wow Meow Meow: It's Rhyming Cats and Dogs*. San Diego: Harcourt.

Fox, P. (2008). *Traces*. Asheville, NC: Front Street.

Fradin, J. B. (2002). *Who Was Sacagawea?* New York: Grosset & Dunlap.

Frazee, M. (2003). *Roller Coaster.* San Diego: Harcourt.

Fredericks, A. D. (1993). *Frantic Frogs and Other Frankly Fractured Folktales for Readers Theatre.* Westport, CT: Libraries Unlimited.

Freedman, R. (1994). *Kids at Work.* New York: Clarion.

Funke, C. C. (2005). *Book Sense Best Children's Books: Favorites for All Ages Recommended by Independent Booksellers.* New York: Newmarket.

Gaiman, N. (2004). *The Neil Gaiman Audio Collection.* Read by N. Gaiman. New York: Harper Audio.

Gardiner, J. (1980). *Stone Fox.* New York: Harper & Row.

Garrison, B. (2007). *Only One Neighborhood.* New York: Dutton.

Gerstein, M. (2007). *Leaving the Nest.* New York: Frances Foster Books.

Gibbons, G. (1997a). *Click! A Book About Cameras and Taking Pictures.* New York: Little, Brown.

Gibbons, G. (1997b). *The Honey Makers.* New York: HarperCollins.

Gibbons, G. (2008). *The Planets.* New York: Holiday House.

Gillespie, J. T. (2006). *Best Books for Middle School and Junior High Readers: Supplement to the First Edition: Grades 6-9.* Westport, CT: Libraries Unlimited.

Goldin, B. (1997). *The Girl Who Lived with the Bears.* San Diego: Harcourt.

Goodman, S. (2005). *The Train They Call the City of New Orleans.* Read by T. Chapin. Pine Plains, NY: Live Oak Media.

Gravett, E. (2007). *Monkey and Me.* New York: Simon & Schuster.

Grimes, N. (2008). *Oh, Brother!* New York: Greenwillow.

Halsted, J. W. (2002). *Some of My Best Friends Are Books.* Scottsdale, AZ: Great Potential.

Hamilton, K. (2008). *Red Truck.* New York: Viking.

Hannigan, K. (2004). *Ida B.* Read by L. Taylor. Westminster, MD: Listening Library.

Helakoski, L. (2008). *Big Chickens Fly the Coop.* New York: Dutton.

Herman, C. (2008). *My Chocolate Year.* New York: Simon & Schuster.

Hobbs, W. (1997). *Beardream.* New York: Atheneum.

Hostetter, J. (2008). *Healing Water: A Hawaiian Story.* Honesdale, PA: Calkins Creek.

Hurmence, B. (1997). *Slavery Time: When I Was Chillun.* New York: G. P. Putnam's Sons.

Hurwitz, J. (2002). *Ever-Clever Elisa.* New York: HarperCollins.

Huynh, Q. N. (1999). *Water Buffalo Days*. New York: HarperCollins.

James, S. (1997). *Leon and Bob*. Cambridge, MA: Candlewick.

Janeczko, P. B. (1997). *Home on the Range: Cowboy Poetry*. New York: Dial.

Jarrett, C. (2008). *Arabella Miller's Tiny Caterpillar*. Cambridge, MA: Candlewick.

Jenkins, E. (2004). *My Favorite Thing (According to Alberta)*. New York: Atheneum.

Johnson, A. (1989). *Tell Me a Story, Mama*. New York: Scholastic.

Johnson, A. (2005). *A Sweet Smell of Roses*. New York: Aladdin.

Johnson, A. (2007). *Wind Flyers*. New York: Simon & Schuster.

Johnson, J. W. (2007). *Lift Every Voice and Sing*. New York: Amistad.

Johnston, T. (2003). *Go Track a Yak!* New York: Simon & Schuster.

Kajikawa, K. (2008). *Close to You*. New York: Holt.

Katz, A. (2008). *Oops!* New York: Margaret K. McElderry Books.

Keller, L. (2003). *Arnie the Doughnut*. New York: Holt.

Kipling, R. (1997). *Rikki-Tikki-Tavi*. New York: HarperCollins.

Kirk, D. (2003). *Jack and Jill*. New York: G. P. Putnam's Sons.

Kobrin, B. (1995). *Eyeopeners II: Children's Books to Answer Children's Questions About the World Around Them, K-12*. New York: Scholastic.

Kroll, V. (1997). *Butterfly Boy*. Honesdale, PA: Boyds Mills.

Krosoczka, J. J. (2003). *Bubble Bath Pirates*. New York: Viking.

Krull, K. (1997). *Lives of the Athletes*. San Diego: Harcourt.

Kurtz, J., and C. Kurtz. (1997). *Only a Pigeon*. New York: Simon 8c Schuster.

Lesesne, T. S. (2003). *Making the Match: The Right Book for the Right Reader at the Right Time, Grades 4-12*. Portland, ME: Stenhouse.

Lewis, P. O. (2003). *The Jupiter Stone*. Berkeley: Tricycle Press.

Littlesugar, A. (1998). *Shake Rag: From the Life of Elvis Presley*. New York: Philomel.

Lobel, A. (1980). *Fables*. New York: HarperCollins.

Lobel, A. (1984). *Days with Frog and Toad*. New York: HarperCollins.

London, J. (2003). *When the Fireflies Come*. New York: Dutton.

Long, M. (2003). *How I Became a Pirate*. Orlando, FL: Harcourt.

Maddox, M. (2008). *A Crossing of Zebras: Animal Packs in Poetry*. Honesdale, PA: Wordsong.

Manushkin, F. (2008). *How Mama Brought the Spring*. New York: Dutton.

McBratney, S. (2005). *One Voice, Please: Favorite Read-Aloud Stories*. Cambridge, MA:

Candlewick.

McCarthy, M. (2007). *A Closer Look*. New York: Greenwillow.

McKissack, P., and F. McKissack. (1994). *Black Diamond: The Story of the Negro Baseball Leagues*. New York: Scholastic.

McMullan, K. (2004). *I Stink!* Read by A. Richter. Norwalk, CT: Weston Woods.

McNaughton, C. (1997). *Oops!* San Diego: Harcourt Brace.

Medearis, A. S. (1997). *The Ghost of Sifty-Sifty Sam*. New York: Scholastic.

Meltzer, M. (2008). *Albert Einstein: A Biography*. New York: Holiday House.

Michelson, R. (1996). *Animals That Ought to Be*. New York: Simon 8x Schuster.

Miranda, A. (1997). *To Market, to Market*. San Diego: Harcourt Brace.

Mora, P. (2002). *This Big Sky*. New York: Scholastic.

Morpurgo, M. (2006). *The Mozart Question*. Cambridge: Candlewick.

Munsch, R. (1997). *Alligator Baby*. New York: Scholastic.

Napoli, D. (2001). *How Hungry Are You?* New York: Atheneum.

Newman, L. (2003). *Pigs, Pigs, Pigs!* New York: Simon & Schuster.

Nolen, J. (2007). *Pitching in for Eubie*. New York: Amistad.

O'Donnell, Elizabeth. (1987). *Maggie Doesn't Want to Move*. New York: Macmillan.

O'Neil, M. (2003). *The Sound of Day, The Sound of Night*. New York: Melanie Kroupa Books.

Olawsky, L. A. (1997). *Colors of Mexico*. New York: First Avenue Editions.

Onyefulu, I. (2006). *Chidi Only Likes Blue*. London: Frances Lincoln Ltd.

Opitz, M. F. (1996). *Getting the Most from Predictable Books*. New York: Scholastic.

Opitz, M. F., and M. P. Ford. (2006). *Books and Beyond: New Ways to Reach Readers*. Portsmouth, NH: Heinemann.

Paterson, K. (2000). *Bridge to Terabithia*. Read by S. P. Leonard. New York: Harper Children's Audio.

Pfeffer, W. (2008). *A New Beginning: Celebrating the Spring Equinox*. New York: Dutton.

Pilkey, D. (1995). *Dragon's Fat Cat*. New York: Scholastic.

Polacco, P. (1994). *Pink and Say*. New York: Philomel.

Potter, J. (1997). *African Americans Who Were First*. Brooklyn: Cobblehill.

Prelutsky, J. (2008a). *My Dog May Be a Genius*. New York: Greenwillow.

Prelutsky, J. (2008b). *Pizza, Pigs, and Poetry: How to Write a Poem*. New York: Greenwillow.

Pringle, L. (2008). *Sharks! Strange and Wonderful*. Honesdale, PA: Boyds Mills.

Purmell, A. (2008). *Maple Syrup Season*. New York: Holiday House.

Rinaldi, A. (2008). *The Redheaded Princess*. New York: HarperCollins.

Robberecht, T. (2007). *Sam Tells Stories*. New York: Clarion.

Rockwell, A. (2008). *President's Day*. New York: HarperCollins.

Root, P. (1997). *The Hungry Monster*. Cambridge, MA: Candlewick.

Root, P. (2008). *One Duck Stuck: A Mucky Duck Counting Book*. Cambridge, MA: Candlewick.

Rylant, C. (1996). *Henry and Mudge Take the Big Test*. New York: Simon & Schuster.

Rylant, C. (2002). *Tulip Sees America*. New York: Scholastic.

Schaefer, L. (2006). *An Island Grows*. New York: Greenwillow.

Schertle, A. (2008). *Little Blue Truck*. Orlando, FL: Harcourt.

Scieszka, J. (2008). *Smash! Crush*. New York: Simon & Schuster.

Sendak, M. (1991). *Chicken Soup with Rice*. New York: HarperTrophy.

Silvey, A. (2005). *100 Best Books for Children: A Parent's Guide to Making the Right Choices for Your Young Reader, Toddler to Preteen*. New York: Houghton Mifflin.

Siy, A. (2008). *One Tractor: A Counting Book*. New York: Holiday House

Skolsky, M. W. (1999). *Love from Your Friend Hannah*. Read by L. Hamilton. Westminster, MD: Listening Library.

Smith Jr, C. R. (2007). *If: A Father's Advice to His Son*. New York: Atheneum.

Sobol, D. J. (1970). *Encyclopedia Brown Saves the Day*. New York: Puffin.

Spinelli, E. (2003). *Rise the Moon*. New York: Dial.

Spinelli, J. (1992). *Maniac Magee*. New York: Ashton Scholastic.

Stadler, A. (2003). *Lila Bloom*. New York: Frances Foster Books.

Stanley, D. (2008). *The Mysterious Case of the Allbright Academy*. New York: HarperCollins.

Stevens, J. (2003). *Jackalope*. San Diego: Harcourt.

Stevens, J. (2008). *Help Me Mr. Mutt!* Orlando, FL: Harcourt.

Stone, T. L. (2008). *Elizabeth Leads the Way*. New York: Holt.

Tarpley, N. (2003). *I Love My Hair*. New York: Little, Brown.

Thompson, L. (2008). *Wee Little Chick*. New York: Simon & Schuster.

Trelease, J. (2006). *The Read-Aloud Handbook*. New York: Penguin.

Viorst, J. (1984). *If I Were in Charge of the World and Other Worries*. New York: Simon

& Schuster.

Wallace, R. (2007). *Winning Season: Curveball*. New York: Puffin.

Watts, I. (2003). *Just a Minute*. San Francisco: Chronicle.

Weatherford, C. B. (2008). *Before John Was a Jazz Giant: A Song of John Coltrane*. New York: Holt.

Weinstein, E. S. (2008). *Everywhere the Cow Says, "Moo!"* Honesdale, PA: Boyds Mills.

Weisburd, S. (2008). *Barefoot: Poems for Naked Feet*. Honesdale, PA: Wordsong.

White, E. B. (1991). *Charlotte's Web*. Read by E. B. White. Westminster, MD: Listening Library.

Willard, E. K. (2008). *Mary Ingalls on Her Own*. New York: HarperCollins.

Winter, J. (2005). *Roberto Clemente: Pride of the Pittsburgh Pirates*. New York: Aladdin.

Wolf, J. M. (2002). *Cinderella Outgrows the Glass Slipper and Other Zany Fractured Fairy Tale Plays*. New York: Scholastic.

Wong, H. Y. (2003). *Tracks In the Snow*. New York: Holt.

Wood, D. (2003). *Old Turtle and the Broken Truth*. New York: Scholastic.

Worthy, J. (2005). *Readers Theatre for Building Fluency*. New York: Scholastic.

Yokota, J. (2001). *Kaleidoscope: A Multicultural Booklist for Grades K-8*. Urbana, IL: National Council of Teachers of English.

찾아보기

저자 소개

　마이클 오피츠(Michael Opitz)는 초등학교 교사와 독서 지도사를 거쳐 미국 노던콜로라도 대학교 독서교육과 교수로 재직하였다. 현재는 미국 노던콜로라도 대학교의 명예교수이다. 저서로는 『압운과 이유(Rhymes & Reasons)』(2000) 등이, 공저로는 『가능한 차별화(Do-able Differentitation)』(2008), 『책과 그 너머(Books and Beyond)』(2007), 『귀 기울여 들어라!(Listen Hear!)』(2004), 『독자들에게 도달하기(Reaching Readers)』(2001) 등이 있다.

　티모시 라진스키(Timothy Rasinski)는 미국 켄트 주립대학교 문식성교육과의 교수로 재직하고 있으며 수상 경력이 있는 읽기 부진 아동 클리닉을 총괄하고 있다. 그는 독서교육에 관한 많은 논문과 책을 썼고 국제독서협회가 발행하는 학술지인 『독서 교사(The Reading Teacher)』와 『문식성 연구 저널(Journal of Literacy Research)』의 공동 편집자를 역임했다. 또한 대학독서협회(College Reading Association)의 회장을 지냈으며 최근에는 국제독서협회 이사회에서 활동하였다.